徐復觀 著

周官成立之時代及其思想性格

靜農題

臺灣學生書局印行

自序

徐復觀

周官的成立年代及其思想性格，是爭論了約兩千年之久，而尚未獲得解決的問題。但不僅從經學史思想史的立場，要求這一問題的解決；更因爲它牽連之廣，影響之大，在研究中國古典的途程上，也要求這一問題的解決。我這篇長約十萬字的文章，是爲了解決此一問題而寫出的。當然這可能只是我主觀地願望或者說是野心。

「周官乃王莽劉歆們用官制以表達他們政治理想之書」的結論，似乎前人已提出了一半，即是，宋代已有人說此書是劉歆僞作以獻給王莽的，而我僅把王莽在此書得以成立所佔的分量加上去。但我所運用的論證方法，不是前人所曾涉及，因而我的結論，可以說是完全建立在新基礎之上。不是如此，我便不會費力寫這篇文章。

首先，我從零散的材料中，發現它們共同的目的——用官制表達政治理想的共同目的，因而發現它們相互間的內在關連。更由此以發現這些材料，是思想史中自成系統的一個支派；並且發現這一系統的支派，由戰國末期起，在歷史中繼續發展，一直發展到周官的出現而達到高峰，得到總結。由思想系統的發展所證明的周官成立的時代，是無法提早或拉遲的時代。

其次，我素不信任以簡單抽樣的方式來論定一人或一書的思想；也不太信任以幾個字或幾句話來論定古書的真僞或其年代的先後；除非幾個字或幾句話可以發生籠罩全局的作用。爲了確實把握周官的思想，便努力把握周官全書的結構，及其時代的背景。同時，周官全書的結構及其時代背景，也成爲周官得以成立的時代的證明。所以我是運用系統地，集體地材料，來作我論證的根據，前人沒有下過這種工夫。正因爲如此，所以全文的辯論，僅限於馬融、許愼、鄭玄、賈公彥，而附帶及於朱元晦、孫詒讓、皮錫瑞、廖平及錢穆，其他千餘年中紛紜之見，則同者聽其自同，異者聽其自異，不復特加論列。

※　　※　　※

爲了避開授課時間的干擾，本文動筆於一九七九年四月之末，至九月初始寫成初稿；又花了一個多月的整理時間。因爲牽涉太多，自知其中難免錯誤，所以要友人劉殿爵教授，爲我過目一遍，我知道他對先秦及西漢的重要典籍，都做了細密地研究工作，而又是肯向朋友提出不同意見的學者。這篇自序，待他過目提出意見後才動筆的原因在此。我在文章中引用了國語齊語的材料；他把齊語和管子的小匡篇作了一個字一個字的對比，認爲齊語小匡，都是根據一種共同材料的來源，不是誰鈔襲誰的；而以小匡篇較多保存了材料的原來面貌；這一觀點，和我的說法稍有出入，而他的論證更爲細密。但他對我認爲齊語較小匡爲有條理，所以我引用齊語而未引用小匡的意見則完全相反。經他的細心對比，小匡的條理實較齊語爲優；他的意見是絕對正確的；我藉此機會加以更正。所以不再將原文變動，固然是因爲這不牽涉到基本論點；尤其是我要保存原貌，以警惕自己落筆的不可輕率。此外，還是正了些字句上的遺誤。

※　※　※

我指出王莽們在作周官時，用了些奇字、僻字乃至自造了些字，許愼因誤推周官爲古文，遂援引以作原形原義的說明，「率多顚倒不可信」。劉教授針對此點，提供我所忽略的顧實「重考古今僞書考」中，與我意見恰好相反的一段材料，使我有再加反省的機會。因這一點，可能引起更多的爭端，所以現將顧氏的說法鈔在下面，以便加以考查。顧氏說：「周官最多有他書不用之古字，如虣，暴字；疈，副字；灋，法字；𢿌，漁字；撵，拜字；簭，筮字；飌，風字；邍，原字；卝，礦字；櫃，柩字；畺，彊字等。求諸說文，疈，古文副；灋，古文法；邍，古文原；卝，古文礦；畺乃彊之本字；惟簭，古文筮作𥮓而稍異。而虣𢿌飌三字則無有也。更求諸鐘鼎文，虣見寅簋（博古圖），畺見沇兒鐘（古籀補），邍見石鼓，𠭯見季加匜（薛氏），伯角父敦（積古）；𤮻見盂鼎；㨖尤鐘鼎中所習見。且殷契中有𣪠即𩙡字（羅振玉殷墟書契考釋）；此所發見，愈足令人狂喜不置……自非周官一書，早作於西周之世，烏得有此乎」。

按寅簋之䝞字卽暴之本字，後假暴爲之，暴行而䝞廢。又石鼓文的原字作𩼡，漢人未見石鼓文，但古籀補收有五字，古籀補二收有十一字，金文編收有六字。詩經中已以原代𩼡，原行而𩼡廢。若僅就此二字而論，當可爲顧氏之說作證。但若與顧氏所舉其他各字關連在一起加以考查，則周官的䝞字，𩼡字，只能算是他們所用的西漢時代的僻字。周官中有𠭯人之官。沇兒鐘銘「𠭯以匽喜」的𠭯字「讀吾」（彝銘會釋一上），從原文看，其非漁字甚爲顯然。說文十一下「瀫，捕魚也。從魚魚，從水。漁篆文瀫，從魚」。古籀補從石鼓文及潘敦收有兩漁字，下從又，「以手捕魚也」。契文中有不少漁字，且亦有變形，但決無以𠭯爲漁。說文段注瀫字下謂「周禮當從古作魚人（按契文已有漁字，此說非是。），作𠭯者近之；作𠭯者非也」。可見周官以𠭯爲漁，係來自他們因好奇而認錯了字。正證明他們用此字時與古文之時代相去甚遠。

顧氏援羅振玉之說，認爲契文中𣪠字卽周官中所用的𩙡字，以證明𩙡字乃風字的古文，事實上恰恰相反。顧氏所提出的是契文中的鳳字。羅振玉殷墟書契考釋謂「考卜辭中諸鳳字，誼均爲風。古金文不見風字。周禮之飌，乃卜辭中鳳字之傳訛」。這分明說周官作者認錯了字。

說文九下「磺銅鐵樸石也，從石黃聲，讀若穬。卝古文磺（按當作磺），周禮有卝人」段注「按周禮鄭注云，卝之言礦也。賈疏云，經所云卝，是總角之卝字。此官取金玉，於卝字無所用。……卝之言礦，卝非礦字也」。所以段氏把「卝古文磺」兩句删掉。王筠說文句讀「竊疑卝是壞字」。朱駿聲說文通訓定聲，「按卝者古文卵字（段注同），周禮借卵爲磺」鄭、賈、段、王、朱，皆未嘗以卝卽礦字，更何有於卝爲礦之古文。作周官者誤用卝字，許愼據以爲古文，此正許爲周官所欺之一例。

因周官用疈字，說文四下遂以疈爲籀文副，可謂全無證驗。至簭匱兩字，我在本文中已指出其誣。

法字已見於書的呂刑，至戰國時代特爲流行。周官不用法而用灋，許愼因以灋爲本字。說文十上「灋，刑也」。顧氏因以盂鼎之灋字爲證。而不知灋乃古廢字。盂鼎「灋保先王」，此廢字訓大；爾雅釋詁「廢大也」。「勿灋朕命」，用廢之本義。師酉敦的「勿灋朕命」，有的人逕將灋字隸定爲廢。後人有的以灋爲法，這是因爲受到說文的影響。而說文則是許氏爲周官所欺。

因周官以畺爲彊，於是說文十三下「畺界也」。十二下「彊弓有力也」，顧氏遂以畺爲彊的本字。契文只有彊字，但李孝定甲骨文字集釋頁四〇三五著錄畺字而不著錄彊字，契文中何嘗有畺字。我把攈古錄金文中的彊字約略統計了一下，弓旁在左的（卽彊），不計重文，三十五字；（註一）弓旁在右的三字；（注二）變體一字（齊侯壺）；沒有弓旁的（卽畺）一字（伯角父敦）。從全般情況看，契文的彊，演變而爲金文的彊，故絕無可疑的彊是本字。古代以弓量地，故從弓；把弓旁寫在右及沒有弓旁，這種移動與增減，乃金文中的常例。周官作者，昧於字源，不知彊字從弓之義，遂去弓而以畺爲彊，許愼遂爲其所欺，更對彊字作望文生義的解釋。

註一：番君鬲　虢季氏敦　叔夜鼎　文姜彝　虢文公鼎　鄭伯匜　蘇公子敦　齊侯匜　正考父鼎　衆史鉼　口叔朕鼎　豊伯車父敦　陳子匜　叔家父簠　封仲敦蓋　叔媍匜　中師父鼎　叔朕簠　陳公子甗　師旦鼎　邵公敦蓋　弡仲簠　師湯父鼎　史頌鼎　叔氏寶林鐘　䢅尊　邾公華鐘　師奎父鼎　曾伯霥簠　虢子盤　宗周鐘　兮田盤　頌敦　不嬰敦蓋　齊侯壺蓋

注二：叔單鼎　邕子甗　庚午口。

周官以擀爲拜，於是說文十二上「擀首至地也。」顧氏謂「擀尤鐘鼎中習見。」但我把攈古錄金文中的拜字，約略統計了一下，大體上可隸定爲拜字的共二十五字（注一）其變形不與拜字太相似的四字（注二）。可是決找不出一個字可隸定爲擀字的。我不能推斷周官何以用此怪字，許慎遂爲其欺。

注一：師旦鼎　敒卣　史懋壺　吳生鐘　李娟鼎　匿簠　受尊　伯裕父鼎　師遽敦　楷田鼎　大鼎　望敦
師艅敦蓋　吳彝蓋　寰盤　師酉敦　揚敦　大敦蓋　善鼎　頌壺　頌敦　卯敦蓋　不嬰敦蓋　齊侯壺
蓋盂鼎

注二：康鼎　師晨鼎　彔伯戒敦　齊侯壺

※　※　※

顧氏提出的字都檢討到了，此時又接到劉教授寄來補充的材料，都是有關周官以馭爲御，說文因以「馭古文御，從又從馬」的。我在附注中認爲契文金文中，並無「從又從馬」的馭字；劉教授特指出韓非子難勢篇中有一馭字，管子中兩見，荀子中八見；又把周法高金文詁林有關御字的部份影印給我。過去只有人指出，僅周官及尚書僞古文五子之歌「若朽索之馭六馬」兩處用馭字，而劉教授則更多指出三處，由此可見他讀書的細密。但古籀補收有十八個御字；古籀補二收有九個，金文編收有二十三個，後編收有二十一個，金文詁林收有三十二個，其中當然有的是互相重複。此字最大的演變是契文及早期金文沒有從馬的；後期金文則出現有從馬的御字，但斷乎沒有「從馬從又」的馭字。因說文的影響力太大，有的人便把本不是從馬從又的御字，也隸定爲從馬從又的馭字。例如李孝定甲骨文字集釋頁五八三收有四十五個御字，其中沒有一個是從馬從又的。但不僅李氏引董彥堂氏「馭同御」之說，他自己解釋「殷虛書契菁華」一，一，的一條卜辭時，亦將𠬝字隸定爲馭。其由說文而來的錯覺，又何待言。這種情形，真是不可一二數。

周官和說文，都是影響力很大的兩部書，入唐後尤爲顯著；馭字既不似周官中其他怪字的繁複，它亦因此兩書之顯著而顯著，乃情理之常。於是鈔書刻書著書的人，對馭御兩字，可隨意運用，亦情理之常。韓非子難勢篇有九個御字，八個用的是御字，一個用的是馭字，我以爲這是鈔書刻書時的問題，管子荀子上的馭字，也是如此。這種情形，和契文金文中的御字關連在一起考查，應當可以得到結論，否則五經論孟中的御字用得很多，何以除僞古文尚書五子之歌外，竟無一馭字，更加以易尚書儀禮春秋經論語，漢代是皆有古文的。

※　※　※

去年十一月，看到上海中華書局出版的文史第六輯，第一篇是顧頡剛的「周公制禮的傳說和周官一書的出現」的文章；顧氏這篇文章，寫得比較平實，可惜他所下的工夫不深，材料的把握不够，對材料的條理不密，運用的方法更不周衍。尤其是對許多與他的結論不能相容的具體材料，依然使用疑古派「懸空斷案」的傳家法寶，說句「在散亡之餘，爲漢代的儒家所獲得，加以補苴增損，勉強湊足了五官」，便交代過去了。他根本不了解周官官制的結構，不是他人所能湊數的。他也看出「周官明明是法家之書」，但他沒有看出這是經過桑弘羊財經政策以後的法家之書；也沒有說明既是法家之書，何以又言禮樂，又言教化。他因周官的地方政治組織受了管仲內政寄軍令的大影響，便說「周官我敢斷定是齊國人所作」；但他不知道管仲的內政寄軍令，與官制無關；而周官則是與官制連繫在一起，因而同中有異。更不知道周官與周書的關係，而周書可能是出於晉人之手。他從孟鄰堂文鈔看到楊椿「是書非周公作也，疑其先出於文種、李悝、吳起、申不害之徒」的幾句話，而驚嘆地說「我們讀了這幾句話，真像獲得了打開千年鐵門的一把鑰匙，知道這原是一部戰國時的法家著作」；他根本不知道管子一書，僅有兩篇是法家的性質，戰國法家盛於衞晉；若以法家思想爲論斷的主要根據，何以又「敢斷定是齊國人所作」？同時爲什麼不從周官本身去找打開鐵門的鑰匙，却會由楊椿幾句泛泛的話，便得到鑰匙？幾十年來的風氣，研究者不深入到基本材料的堂奧，讓基本材料自己講話，只在基本材料的外面，道聽塗說，便越說越支離了。不過我深爲此書可惜，假定顧氏這篇文章，在文化大革命中提出，則顧氏寫文章時所流露的態度，當與現時不同；而周官必然從三禮所陷的地獄中冒出來，轟轟烈烈一番，受到最大地尊寵；因爲這比從鹽鐵論中弄手脚以捧桑弘羊的法家，要容易而有效得多了。從另一方面說，假定不是中國經過了三十年實踐的深刻而廣大地教訓，我便不可能對這部書有毫無瞻顧地客觀了解。不是古爲今用的問題，而是「時代經驗」，必然在古典研究中發生偉大地啓發作用的問題。

我的這篇長文寫得有些汗漫，這一方面是因爲我想能在繁複的關連中盡其曲折；另一方面又想把若干應當單獨解決的問題，在這篇文章中提出若干解決的端緒，供他人作進一步研究時的參考。而最重要的，則是我現在已真正老了。「筆意不如當日健，鬢邊應有雪千痕」，宋人這兩句詩，是用來嘆息他朋友的衰老，而我現在却常常想起這兩句詩來自己嘆息自己。因此，不管我有如何的自信或野心，錯誤必所難免，希望能得到通人碩彥們的敎正。對劉殿爵敎授的幫助，應捧上無限的謝意。

一九八〇年一月十日於九龍寓所

目錄

周官注一成立之時代及其思想性格

一 引 言

我國爲了爭論一部古典的眞僞及其內容的價値，經過時間之久注二，所費文字之多，但迄今尙無定論的，應首推周官一書。在這些爭論中，粗略地可分爲三大派。一派主張此書出於周公。劉歆對此，係採用暗示的方法（見後）；東漢杜子春賈逵衞宏鄭興鄭衆父子及馬融鄭玄，皆信此爲周公致太平之書，附和尊信此說者至今不絕。其中朱熹的地位，可以與鄭玄並稱。然陳澧東塾讀書記卷七，已指出「鄭君亦未嘗悉信」；且如後所述，先後鄭在周官的注釋中，都極力采摭其他經傳，以作此書出於周公的證明；但也遇到很明顯地矛盾，使他們無從置辯。而朱子在孟子集句萬章章下孟子答北宮錡「周室班爵祿」之問的注解中，引

「程子曰，孟子之時，去先王未遠，載籍未經秦火，然而班爵祿之制，已不聞其詳。今之禮書（按指周官），皆掇拾於煨燼之餘，而多出於漢儒一時之傅會，奈何欲盡信而句爲之解乎。然則其事固不可一一追復矣」。在朱子語類中，他流露出更多疑難之辭。另一派以此書乃成立於戰國時代。賈公彥周禮注疏在序周禮廢興中謂「林孝存（臨碩）以爲武帝知周官末世瀆亂不經之書……何休亦以爲六國陰謀之書。」賈疏又在春官序官下「必引諸文爲證者（按指鄭玄引鄭司農鄭衆注），當時張包周注三孟子何休等，不信周禮是周公所制，以爲六國時陰謀之書，故先鄭以諸文爲證也」。此派因立說較易，蕃演亦最繁，至現代似已佔有優勢。然在此一派中，缺少正面有力的論證；且對周官中有不少材料的下限，並不能作合理的解釋。第三派以此書乃出於劉歆。此說始倡於宋人，其中持之最堅者爲胡安國胡宏父子注四。清初經方苞而至今文學家，更騰播極一時之盛。但以價值作眞僞判斷的標準，這是過去討論周官時代問題的人所常犯的弊病；此派所犯這種弊病特爲嚴重。因爲宋代所以出現周官出於劉歆的說法，實以反對王安石援周官以變法爲背景。他們有時也提出證據，但多半是片斷的，考證不精的。清代今文家，則完全陷在今古文的門戶之見中來處理這一問題，至康有爲而特爲橫決。其他遊移於三派之間者更不可勝數注五。此問題之所以迄今仍在迷離狀態之中，總地說一句，是因爲到現在爲止，都缺乏可以籠罩全書大局的論證。但站在治古代思想史的立場上，固然要解決此一問題。站在一般治古代史及古典的立場上，更應解決此一問題。因為此一問題，東漢儒生，從三方面對治古代史及治古典的人給了嚴重的擾亂，不能不先加以澄清。第一、班固在漢書的表（百官公卿表），尤其是志中，把周官中有關的材料引用進去，以作為周初的信史，這到底可否作為後人言古代史者的根據？第二、許愼著說文解字，因信周官為古文，援之以說原義乃至原形者且踰百餘字注六。但略加覆按，率多顚倒不可信注七，治說文者迄今尚不之覺。注七 第三、鄭玄徧注三禮，在制度上凡與周官不合者，若不能勉強彌縫，則以為殷制或夏制。王制本孟子以言「周室之班爵祿」，鄭更悍然指為殷制。其勉強彌縫者，亦多牽附不能成義。乾嘉學派因尊許鄭太過，其受擾亂為更甚。周官成立的時代能確定，則上面三種擾亂，亦隨之而可以澄清。我先不陷在與前人作片斷爭論的泥沼中，而只循著兩條線索，來探索此一問題。一是思想的線索，一是文獻的線索。我先說出探索所得的結論是，周官乃王莽劉歆們用官制以表達他們政治理想之書。劉歆的思想，具見於漢書藝文志所刪錄的七略及漢書律歷志所根據的三統曆。他在周官中的作用，是把他在三統曆中所表現的天道思想，應用到周官中的序官上面，構成周官的格套。格套裏面的內容，則多出於王莽。因為漢書王莽傳中所表現的王莽的性格與周官思想的性格較合。

二　以官制表達政治理想的思想線索

四庫全書總目提要周禮注疏四十二卷下：

「……夫周禮作於周初……其東遷以前，三百餘年，官制之沿革，不知凡幾……政典之損益，除舊布新；於是以後世之法竄入之，其書遂雜……使其作僞，何不全僞六官，而必缺其一，至以千金購之不得哉。且作僞者必剽取舊文，借眞者以實其僞，古文尚書是也。劉歆宗左傳，而左傳所云禮經，皆不見於周禮。……儀禮聘禮賓行饔餼之物……與掌客之文不同。又大射禮……與司射之文不同。禮記雜記載子男執圭，與典瑞之文不同，禮器天子諸侯席數，與司几筵之文不同。如此之類，與二禮多相矛盾。歆果僞托爲此書，又何難牽就其文，使與經傳相合，以相證驗；而必留此異同，以啓後人之攻擊。然則周禮一書，不盡原文，而非出依托，可概睹矣。」

按四庫全書提要上面調停之說，言之頗爲明辯。但寫提要的人乃站在後人僞書的情形以作推論；殊不知王莽劉歆們並無意於作僞，而係要制作一部以官制表達自己政治理想的書，且將以見之於實行。其定名周官，後改名周禮，乃適應王莽的現實政治要求；但亦始終未明言出於周公。如後所述，莽歆們的理想之一，是以官制合天道，而天道則表現爲各種相關的數字。凡涉及禮制的，必與此種數字的格套相合。此種格套，乃經傳所未有，所以他們對經傳文獻，只有片斷的取資，以構成自己的體製；並無意於「與經傳相合」。他們的另一理想，是他們的政治設施，並不想在歷史的傳承中開始，而要求歷史是由他們開始，亦卽由「惟王建國」開始。所以王莽稱新皇帝，先改居攝三年爲初始元年，次年又改爲「始建國元年」。周官一書特點之一，從未正式稱引前言往行，這在古典中是找不出第二部的。他們事實取資了許多文獻，這在他們的制作中乃無可奈何之事；與經傳不合，正是他們創制時用心之一。

以官制表現政治理想，是在政治思想史中所發展出的一種特別形式。政治賴官職而運行，官職在政治中的重要性，是早經認識到的。但從詩書左氏傳國語周書及由孔子開始的諸子百家等的有關典籍看，只是從「知人」、「善任」、「近君子，遠小人」這些問題上着眼，很少有由官制本身的理想以達到政治理想的思想。以官制表現政治理想，是戰國中期前後，才逐漸發展出來的，我懷疑始於「三公」一辭之出現。古有五等爵中之公，而無所謂三公，我在漢代一人專制政治下的官制演變一文中，已特別發其覆注八。官制之所以能表現政治理想，有兩個系統。一是著眼到由官制的合理地分配、分工，可以提高政治效率，達成政治上所要求的任務。甚至想以官制限制君權，以緩和專制的毒害。這是一個系統。另一是要由官制與天道相合而感到政治與天道相合的系統。古代宗教最高人格神的天的權威，由西周之末，經過春秋時代，而漸歸模糊消失後，到了戰國中期前後，分散而以數的觀念及陰陽五行的觀念以言天道，天道以新地形態，散佈於思想各個方面，與人間發生更多的關連。於是把官制與代表天道的數字或陰陽五行拉上關係，便覺得這卽是理想性的官制。以官制表現政治理想的兩個系統，隨各家思想的性格而自由運用，其間並不感到有任何矛盾。三公一詞的理想性，在於「三」字；公是王以下的首屈一指的爵位，「公」上加個三字，大概制造此一名詞的人便覺得此一重要爵位可以符合於天道，而滿足政治的最高理想了。

汪中在釋三九注九一文中謂「凡一言所不能盡者則約之三，以見其多。」接著引了易、詩、論語、春秋、孟子、史記上的若干例，而得出「故知三者虛數也」的結論。國語周語「人三爲衆」，此可爲汪說的根據。但從論語看：實數之三，多於虛數之三。其用三字而有重要意義的如「吾日三省吾身」（學而）「君子所貴乎道者三」（泰伯）「君子道者三」（憲問）「益者三友，損者三友」（季氏）「益者三樂，損者三樂」（同上）「侍於君子有三愆」

（同上）「君子有三戒」，（同上）「君子有三畏」（同上）。還有些沒有明說出三，而內容是三的。例如論語首章擧「學而時習之」「有朋自遠方來」「人不知而不慍」三事；而最後一章，則擧「不知命無以爲君子也。不知禮無以立也。不知言，無以知人也」三事。由孔子曾子常以三表達有重大意義的教訓，可以推知三字在當時並非表示「見其多」的「虛數」，而已含有實數以上的意義。但這種意義我現時還不能加以推定。到了易傳繫辭上「六爻之動，三極（三才）之道也」，繫辭下「易之爲書也，廣大悉備。有天道焉，有人道焉；有地道焉。兼三材（才）而兩之，故六。六者非他，三材之道也」。及說卦「是以立天之道，曰陰與陽；立地之道，曰柔與剛；立人之道，曰仁與義。兼三才而兩之，故易六畫而成卦」，則三字很明顯的概括有天道地道人道的三才的特殊意義。此意義的所以出現，是因爲八卦每卦本是三爻；由三爻重爲六爻，而始有六十四卦。三爻是卦的基本形態；卦旣是由天道地道以顯示人道，便由此而產生三才的觀念，由此而產生中庸的「贊天地之化育，則可以與天地參矣」的觀念。我以爲作爲官制首位的「三公」的出現，與所謂三才，所謂與天地參等觀念，有密切關係。這些觀念，多半是戰國中期前後出現的；因此，三公一辭的出現，不能早於戰國中期。老子六十二章「故立天子，置三公」，在長沙馬王堆出土的帛書甲本乙本，「三公」皆作「三卿」。由此以推，墨子尙同篇的所謂「三公」，及孟子中「不以三公易其介」（盡心上），可能皆是因三公觀念盛行後而改。所以孟子答北宮錡問周室班爵祿的情形，只有五等爵中的公，而無在卿大夫上的三公。孟子全書五稱三軍，三軍應爲三卿。

淮南子天文訓「物以三生」；這種說法，可上追至老子的「一生二，二生三，三生萬物」。易傳對一卦六爻的說明是「兼三材而兩之」，即是以二乘原有之三爻而成爲六爻；先秦常以今日的所謂自乘數或乘數爲體現天地生物的情形。三的自乘數爲九，所以有了三公，便可滋生出九卿的觀念；九卿依然是理想性的官制。由此一重要線索再發展下去，便出現漢文帝命博士們所作王制中的一部份理想官制。王制一詞是取自荀子。而開始「王者之制爵祿」以下一大段，分明是以孟子答北宮錡「周室之班爵祿也如之何」的問，加以敷衍而成，應當承認其中多有歷史根據，或他們自以爲有歷史根據。但中間插入「天子三公、九卿、二十七大夫，八十一元士」，則都是以三爲乘數所形成的。三的自乘是九；三乘九是二十七；三乘二十七是八十一。這種由三的乘數所形成的官制，便是代表天生萬物之德的官制，即是他們所構想的理想的官制。所以王制後面談到「冢宰」、「司空」、「司徒」、「樂正」、「大樂正」、「司馬」、「司寇」、「太史」、「司會」等職守，都沒有三公九卿等的面影。我推測，共同制定王制的博士們，還是有所承受；呂氏春秋十二紀有三公九卿，由此可推出二十七大夫，八十一元士的出現，應當在呂氏春秋成書之後，漢統一天下之前的時代。禮記冠義下面的話，可能又是承王制而演出的。「古者天子后立六宮，三夫人，九嬪，二十七世婦，八十一御妻，以聽天下之內治，以明章婦順，故天下內和而家理。天子立六官、三公、九卿、二十七大夫、八十一元士，以聽天下之外治，以明章天下之男教，故外和而國治……」。這裏不僅把天子的理想管制，推及於天子之后，並且因后有六宮，又反射到天子的三公之上，又安排了六官，這一點對周官發生了影響。

荀子是主張「明於天人之分」，「唯聖人爲不求知天」注一〇的澈底人文主義者。他的王制篇，對用人行政，治財養民諸大端，提出了比較合乎實際的重要原則。這些重要原則，須待官而行，所以他又特立「序官」一段，把各重要原則，分配到各官的職守之中，以求其實現。這是由現實地合理性以言官制的系統。楊倞在各官下多引周官以爲解釋，有的近於牽附，但周官在各官職內容上受了此篇一部分的影響，是無可置疑的。因爲這是最早談到較完整的官制問題，對後來言官制的發生了影響，所以錄在下面：

「序官：宰爵注一一知賓客祭祀饗食犧牲之牢數。司徒知百宗（百族）城郭立器之數。司馬知師旅甲兵乘白注一二之數。修憲命，審詩商（章），禁淫聲，以時順修，使夷俗邪音不敢亂雅，大師之事也。脩隄梁，通溝澮，行水潦，安水臧（藏），以時決塞。歲雖凶敗水旱，使民有所耘艾，司空之事也。相高下，視肥墝，序五種，省農功，謹蓄藏，以時順脩，使農夫樸力而寡能，治田之事也。脩火憲，養山林藪澤草木魚鼈百索（王引之以索爲素，素乃蔬之假字），以時禁發，使國家足用而財物不屈，虞師之事也。順州里，定廛宅，養六畜，閒(習)樹藝，勸教化，趨孝弟，以時順修，使百姓順命安樂處鄉，鄉師之事也。論百工，審時事，辨工苦，尚完利，便備用，使雕琢文采，不敢專造於家，工師之事也。相陰陽，占祲（陰陽相侵之氣）兆，鑽龜陳卦，主攘（攘除不祥）擇五卜，知其吉凶妖祥，傴巫跛擊之事也。脩採清（俞樾「採乃埰字之誤」。清乃「厠清」。）易（治）道路，謹盜賊，平室（逆旅之室）律（郝懿行：「當爲肆字之誤」「肆謂廛肆」）以時順修，使賓旅安而貨財通，治市之事也。抃急（依王念孫當作「折暴」）禁悍，防淫除邪，戮之以五刑，使暴悍以變，奸邪不作，司寇之事也。本政教，正法則，兼聽而時稽之，度其功勞，論其慶賞，以時慎修，使百吏免(勉)盡，而衆庶不偷，冢宰之事也。論禮樂，正身行，廣教化，美風俗，兼覆而調一之，辟公之事也。全道德，致隆高，綦文理，一天下，振(起)毫末，使天下莫不順比從服，天王之事也。故政事亂，則冢宰之罪也。國家失俗，則辟公之過也。天下不一，諸侯俗反，則天王非其人也。」

管子可以說是一部叢書，作者非一人一時，內容非一家一派。其中有兩處談到官制，而性質不同。立政第四：

「脩火憲，敬山澤林藪積草，夫（戴望管子校正「夫」作「天」）財之所出，以時禁發焉，使民於宮室之用，薪蒸之所積，虞師之事也。決水潦，通溝瀆，修障防，安水藏，使時水雖過度，無害於五穀。歲雖凶旱，有所秎穫，司空之事也。相高下，視肥墝，觀地宜，明詔期，前後農夫，以時均修焉，使五穀桑麻，皆安其處，由田之事也。行鄉里，視宮室，觀樹藝，簡六畜，以時鈞修焉；勸勉百姓，使力作無偷，懷樂家室，重去鄉里，鄉師之事也。論百工，審時事，辨功苦，上完利，監壹五鄉，以時鈞修焉，使刻鏤文采，毋敢造於鄉，工師之事也。」

與荀子王制序官相較，除傴巫跛擊、治市、司寇、冢宰、辟公、天王七職外，其餘官守的內容與字句多相同。荀子王制之「治田」，管子此處爲「由田」，殆字因形近而誤。王制鄉師之「順州里」，管子此處爲「行（行當作循）鄉里」；按論語，「雖州里，行乎哉」（衞靈公），「州里」一詞出現在前，「鄉里」一詞出現較後。則羅根澤以爲此處係鈔自荀子王制篇注一三，應當是可信的。但鈔荀子這段材料的人，何以屛去了七職而只留下五職，是不是由五行的觀念而強調「五官」注一四，未易確定。

若由漢書百官公卿表以窺秦代官制，更溯而上之以窺古代官制的面影，可以了解官制中許多重要職位，都是爲了供奉天子諸侯的私人生活而設的。由荀子王制篇所提出，由管子立政篇所繼承的官制中的官職，完全是對政教，對人民負責的；而在荀子的王制中，不僅是在用人上完全掃除了封建制度中的血統身份制注一五，且將天子亦列爲職官之一，使其負有一定的責任，並受到同樣的考核，在這種地方，所以他所述的雖來自古制的綜合，但在綜合中，依然突出了他的政治理想性。

管子幼官第八，是按照陰陽五行來分配政令及衣服飲食的；但他不是襲自呂氏春秋的十二紀，而係五行思想發展後的另一形態。十二紀以四時十二月所表現之陰陽爲綱，再把五行配進去。幼官則係以五行爲綱，而將四時十二月配進去，五行所佔的分量比十二紀爲重。五行第四十一，主要是以五官配五行的，但內容有些雜亂。一開始舉出「一者本（尹注：本農桑也）也。二者器（注：理農桑之具）也。三者充（據注乃指人力之充實）也。治者四也，敎者五也。守（官守）者六也。立（立事）者七也。前（或作「別」）者八也。終者九也。十者然後具五官於六府[注一六]也」。這段的意義，不能完全明瞭。尹注釋五官六府爲「立五行之官，分掌六府，」所謂五行之官，由後文可見。在上文後面接着說「五聲於六律也。六月日至。是故人有六律[注一七]，六律所以街（劉績補注：街猶通也）天地也。天道以九制（尹注：九，老陽之數），地理以八制，（尹注：八，少陰之數），人道以六制」，這段話對九、八、六、三個數字配天、地、人的特別意義，與五官不相應；但此數字對周官有影響。下面所說的黃帝的「六相」，尤可視爲周官天地四時六官的雛形。

「昔者黃帝得蚩尤而明於天道。得大常而察於地利。得奢（或作蒼）龍而辯於東方，得祝融而辯於南方，得大封而辯於西方，得后土而辯於北方。黃帝得六相而天地治，神明至。蚩尤明乎天道，故使爲當時。大常察乎地利，故使爲廩者。奢龍辨乎東方，故使爲土司。祝融辨乎南方，故使爲司徒。大封辨乎西方，故使爲司馬。后土辨乎北方，故使爲李（獄官）。是故春者土司也。夏者司徒也。秋者司馬也。冬者李也」。

黃帝因蚩尤等六人的所能，而設爲當時、稟者、土司、司徒、司馬、李等六官，以分別與天地四時相應，這是「人道以六制」的系統，此實爲周官所承之系統。但六相之名中的「當時」「稟者」，沒有與之相對的官名，且未發展到周官的以天地四時名官。又說：

「昔黃帝以其緩急作立五聲，以政（正）五鍾……五聲旣調，然後作立五行，以正天時，五官以正人位。人與天調，然後天地之美生。日至睹甲子，木行御（木德御時），天子出令，命左右注一八，士（土）師注一九內御，總別列爵，論賢不肖士吏賦（布）秘（秘藏之物），賜賞於四境之內……出國衡，順（巡）山林，禁民斬木，所以愛草木也……七十二日而畢。睹丙子，火行御。天子出令，命行人內御，令掘溝澮，津舊塗……出皮幣，命行人修春秋之禮於天下諸侯……七十二日而畢。睹戊子，土行御，天子出令，命左右(按二字衍文)司徒內御，不誅不貞，農事爲敬（亟），大揚惠言，寬刑死，緩刑人。出國，司徒令命（二字有一字衍）順民之功力，以養五穀……七十二日而畢。睹庚子，金行御。天子出令，命祝宗選禽獸之禁（尹注：「禁謂牢圈圍所養」），五穀之先熟者，而薦之祖廟與五祀……天子出令，命左右（按二字衍文）司馬衍（衍字衍文）組甲厲兵，合什爲伍，以修於四境之內……所以待天地之殺斂也……七十二日而畢。睹壬子，水行御，天子出令，命左右（二字衍）使（李）人內御，御（衍文）其氣足，則發而止。其氣不足，則發（搜捕）擱（澗）瀆盜賊……令民出獵禽獸，不釋巨少而殺之，所以貴天地之所閉藏也……七十二日而畢……」

五行即是天，以五官應五行，這即是「人與天調」，即是對官制賦與以天道的意義。這是繼承三公觀念下來的官制中的另一系統。按呂氏春秋十二紀，把「其日戊己」的「中央土」，附於火德「季夏之月」後面，致使有土德之名，而無土德所值的時日。五行篇則將每季九十日，改為七十二日，使戊己的土德，與其他的木火金水，都分配到相同的時日，在觀念上似乎比較合理。所以在「睹庚子金行御」的秋季，除了祝宗外，又安排了司馬，彷彿在秋季安排了兩個官，實則他是按照與五行相應之官，各佔七十二日而安排的。這顯然是襲呂氏春秋的十二紀紀首而加以修正。但由這種安排，把四時的現實日數破壞了，其為不合理更甚，所以漢儒取十二紀為禮記中的月令時，未加採用。

「六相」與「五官」的兩種官制，何以能側雜於一篇之內；大概是以音樂為根據而加以揉合的。戰國中期以後，以天道表現於音樂之中的思想盛行。五行篇「五聲於六律也，六月日至。是故人有六律（原作多），六律所以街（通）天地也」。順著這樣下去，便是「黃帝得六相而天地治，神明至」。所以六相的觀念，是順著音樂的六律演生出來的。又說「昔黃帝以其緩急作五聲，以政（正）五鐘……五聲既調，然後作立五行以正天時，五官以正五位」；是五行五官的觀念，順著音樂的五聲演生出來的。所以體現天道的兩種官制，都可統一於六律五聲之中，作者不感到矛盾。

三 思想線索在漢代的演進

上面所述，我以爲皆出現於漢代立國以前。漢代立國後，此種思想，還繼續演進。首先出現的，當然是文帝初卽位後命博士所作王制中的以三的乘數爲天道的三公九卿系統，已如前所述。賈誼新書中，也提出了理想的官制。他在大政上篇，強調了「民無不爲本」；在大政下篇，強調了「民之治亂在於吏」，強調了「上選吏焉，必使民與焉」。強調了「萬人愛之有歸，則萬人之吏也；故萬人之吏也，擇（選）卿相焉」，這是強調了以人民爲主體的「聖王選舉」。在官人篇中，強調了「王者官人有六等，一曰師，二曰友，三曰大臣，四曰左右，五曰侍御，六曰斷役」注二〇。上述兩篇，可以說是他的理想官制的前提條件。而在輔佐篇中，則正式提出了他的理想官制。可惜此篇有了殘缺。現僅就剩簡加以整理。他把政治機構分爲上執政、中執政、下執事三個層級，而以大相冠其首，如下表：

大相↓上執政職大拂—中執政職大輔—下執事職—道行、調訊、典方、奉常、桃師

他所構想的大相，是當時丞相職權的擴大，擴大到大相不是對皇帝負責，而是對「大義」負責，所以大相是「上承大義而啓治道，總百官之要，以調天下之宜」；「天下失宜，國家不治，則大相之任也」。在他心目中，皇帝是「虛君」，而「大相」是實君，是政治的最高負責人。這裏實際接觸到了專制政治的最基本問題。專制的最基本問題，是「家天下」的傳子問題。賈誼不僅提出了胎教及保傅之教，想把傳子之子，教育成一個有德之子，以奠定最高權力的合理基礎；而且他也感到對太子的教育，沒有成功的必然性，於是他提出由選擧而來的大相，負實際政治的最高責任，以解消專制政治中的最基本問題。大拂大輔兩官職，是當

時御史大夫職權的擴大。大拂的職權擴大到㈠「秉義立誠，以翼上志。直議正辭，以持上行」。㈡是「批天下之患，匡諸侯之過」。並要對「令或鬱而不通，臣或盭（戾）而不義」負責任。大輔的職權擴大到㈠「聞善則以獻，知善則以獻」。㈡「明號令，正法則，頒(頒)度量，論賢良，次官職；以時巡御，使百事敬率其業」。並要對「經義不衷，賢不肖失序」負責任。在大拂大輔的職責中，如何教養皇帝，都居於第一位。再加上「下執事」中的調訊，專門是考查皇帝的思想行爲，是否合於「畜民之道，禮義之正，應事之理」的；要對皇帝的「善不徹，過不聞」負責任。由此可知，要使專制皇帝不成爲禍國殃民的根源，是賈誼理想官制中的重大課題，或者可以說是實現政治理想的先決條件。上執政，中執政，都是負政治總責的兩個層次。「下執事」的官職，才是分工負責的官職。在他的整個官職名稱中，除了「奉常」一名，與當時官制相同，職責也大體相同外，其他官名，既於古無徵，亦於時無據；他要由這種特創的名稱，與歷史及當時的官職劃清界線，使涇渭不同流，以突出由理想官制所顯出的政治理想。在這種地方，正表現了「洛陽年少」的堅銳地個性。

淮南子天文訓「何謂五官？東方爲田，南方爲司馬，西方爲理，北方爲司空，中央爲都」，這裏與方位相應的五官，是指天文中的五官，只是把人間的官名應用到天文中去，與人間的政治官制無關。淮南賓客取呂氏春秋十二紀稍加損益，以爲淮南子中的時則訓，在每月的後面，增加了：

正月官司空　二月官倉　三月官鄉
四月官田　五月官相　六月官少內
七月官庫　八月官尉　九月官候
十月官司馬　十一月官都尉　十二月官獄

這只表示上述十二種官，與表現陰陽（天道）運行的十二月相應，這是受了官制與天道有關的思想的影響，並非由官制與天道有關以表現他們的政治理想，所以他們所列舉的官位，輕重懸殊，缺乏官制的倫序——系統性。

但有一點應特別指出。淮南天文訓，有一大段以律配曆，言之甚詳。此段的結論是：

「其爲音也，一律而生五音，十二律而生六十音。因而六之，六六三十六，故三百六十音，以當一歲之日。故律曆之數，天地之道也。」

按尚書堯典「朞三百有六旬有六日，以閏月定四時成歲」，乃「古歷周天三百六十五度又四分度之一，日行歷周天爲一歲」注二一，日每日行天一度，以成數而言的三百六十五度，乃日行了三百六十五天，卽以此三百六十五天爲一歲。度數是由長期實測經驗所劃分出來的，以便於實測時的計算，根本與天地之道沒有關係。尤其是在此度數中，「六」與「六十」的數字完全沒有特殊意義。並且此度數旣與音律無關，而「因而六之」，以六乘六十音，由此以得出三百六十音，在音律自身亦毫無根據，且我懷疑亦無此可能。淮南以三百六十音配當一歲的三百六十日，因而謂此爲「天地之道」，這與管子中的音樂理論，乃至與荀子樂論，禮記樂記中的理論相比較，全爲新說，乃前此所未有。但與周官以三百六十官配天道的構想，有很大的關係。在淮南的此一構想中，由「一律而生五音十二律而生六十音」的「六十」，及「因而六之」的「六」是構成「三百六十」的關鍵性的數字，所以這兩個數字有特別意義。

我曾把董仲舒的思想，稱爲「天的哲學大系統的建立」注二二，他把政治社會人生，都納入於天的哲學大系統之中，官制當然要佔相當重要的地位。春秋繁露，有四篇談到此一問題。官制法天第二十四，是把王制中的三公九卿二十七大夫八十一元士的官制，進一步說明這種數字，是由法天而來，所以是與天相合的。他說：

「王者制官，三公、九卿，二十七大夫，八十一元士，凡百二十人而列臣備矣。吾聞聖王所取，儀（法）金（疑是「於」字）天之大經，三起而成，四轉而終。官制亦然者，此其儀與（音餘）。三人而爲一選，儀於三月而爲一時也。四選（三公、卿、大夫、士各爲一選，故共爲四選）而止，儀於四時而終也。三公者王之所以自持也。天以三成之，王以三自持，立成數以爲植（按指以三爲基數），而四重之（三公爲三的一重，九卿爲三自乘的二重，二十七大夫爲三乘九的三重，八十一元士爲三乘二十七的四重。故四重爲三的四次乘積），其可以無失矣。……是故天子自參以三公，三公自參以九卿（按每公自參以三卿，三公則九卿），九卿（每卿）自參以三大夫（每卿自參以三大夫，九卿則二十七大夫，下同），三大夫（每一卿之三大夫）自參以三士。三人爲選者四重，自三之道（此四重皆來自三的乘數），以治天下，若天之四重自三之時，以終始歲也。一陽而三春（春有三個月），非自三之時與？而四重之，其數同矣。天有四時，時有三月。王有四選（據後文：聖人選爲公，君子選爲卿，善人選爲大夫，正人選爲元士，故謂之四選，）選三臣……盡人之變合之天，唯聖者能之，所以立王事也」。「分人之變以爲四選，選立三臣，如天之分歲之變以爲四時，時有三節也」。

全篇都是環繞著「三而一成，天之大經也，以此爲天判」，傅會下去，使王制中的三公九卿二十七大夫八十一元士的官制，與天道結合得更細密。當然也結合得更牽強。這是三的數字的神化，得到了進一步的發展。假定說這一篇中有點實際意義，則在於他要求官職的等級，應根據才德的等級。而且這一切安排，不是出於皇帝的意志，而是以天作爲客觀根據的。

爵國第二十八，是由周爵五等，春秋爵三等（春秋伯子男爲一等），在官制上，在田制上，在軍制上，加以傅會而成。其中少數有歷史根據，絕對多數出於傅會。特別值得注意的是：

「……故萬人者曰英，千人者曰俊，百人者曰傑，十人者曰豪。豪傑俊英不相陵，故治天下如視諸掌上。其數何法以然？曰，天子分左右五等，三百六十三（按三字疑衍）人，法天一歲之數，五時色（按呂氏春秋十二紀，四時中加一「中央」以配五行中之土，故爲五時，時各有一色，故爲五色）之象也」。

三百六十三人之數，係如何得出，董氏必有一種說法，我還沒有弄清楚。但他已開始以官制配一歲的日數，由此使官制與天道作進一步的結合，這對周官應有直接的影響。

五行相生第五十八注二三，主要是說明「天地之氣，合而爲一，分爲陰陽，判爲四時，列爲五行……五行者五官也……，比相生而間相勝，故爲治，逆之則亂，順之則治」的。於是將官制、道德，及政治設施，分別與五行相配，以表現天道與政道的合一。這是受了管子的影響，而向前發展了一步。例如：

「東方者木，農之本，司農，尚仁。進經術之士，道之（皇帝）以帝王之路，將順其美，匡救其惡，執規而生，至溫潤下。……知地形肥磽美惡，立（疑當作農）事生，則因地之宜，召公是也。親入南畝之中，觀民墾草發淄（菑），耕種五穀，積蓄有餘，家給人足，倉庫充實。司馬食穀，司馬，本朝（漢）也，本朝者火也，故曰木生火。」

「南方者火也，本朝（按此乃以漢爲火德）、司馬，尚智。進賢聖之士。上知天文，其形兆未見，其萌芽未生，昭然獨見存亡之機，得失之要，治亂之源，預禁未然之前，執矩而長，至忠厚仁，輔翼其君，周公是也……」

此下以司營配中央土，「尚信」，舉太公當之。以司徒配西方金，「尚義」，以子胥當之。

以司寇配北方水，「尙禮」，以孔子當之。此乃以「比而相生」爲次序。五行相勝第五十九，就五行相勝以救亂而言。如「木者司農」，「司農爲奸」，則命司徒誅之。因爲司徒配金，金勝木的關係。以下各官皆仿此。這種由五行五官的相生相勝以言治道及救亂之道，是毫無合理性可言；但對各官所主持的政治內容，則皆可以說是合理的。他把合理的政治內容，安排在非合理的五行生、勝的格套之內，在他認爲這些官職所主持的政治內容，賦與了天道的莊嚴使命，由此可以突破現實權力意志的干擾歪曲，以求政治理想有實現的可能。

禮記曲禮「天子之五官曰司徒司馬司空司士司寇，典司五衆」，無冢宰，無宗伯而有司士。鄭注以其與周官不合，因謂其爲殷時制，而不知先秦本無六官之名。正式提出六官一詞，其官名與周官相符的，則爲大戴記的盛德篇。大戴記保傅篇取自賈誼，公符篇錄漢昭帝冠辭，則戴德編輯此書，乃古今雜錄，但以出於漢初諸儒者爲多。盛德篇六十六，提出「德法」觀念，以與「刑法」觀念相對，是非常有意義的。所謂德法，實際就是出於禮的法，所以說「禮度、德法也」。全文大意爲「德盛則修法，德不盛則飾（疑當作飭）政」。篇中有「五政」「六政」的名詞，王聘珍解詁「謂五政者五行之政，明堂月令所施於四時者也」。盧辨詁「六政謂道德仁聖禮義也」。是「飭政」的政，應以六政爲主。此篇以六官推行六政，這與管子五行篇「六相」的內容並不相同。

「古之御政以治天下者，冢宰之官以成道。司徒之官以成德。宗伯之官以成仁。司馬之官以成聖。司寇之官以成義。司空之官以成禮。故六官以爲轡，司會均入以爲軜（驂內轡也）。故御四馬，執六輿。御天地與人與事者，亦有六政」。「是故官屬不理，分職不明，法政不一，百事失紀，曰亂也，亂則飭冢宰。地宜不殖，財物不蕃，萬民饑寒，教訓失道，風俗淫僻，百姓流亡，人民散敗，曰危也，危則飭司徒。父子不親，長幼無序，君臣上下相乘，曰不和也。不和則飭宗伯。賢能失官爵，功勞失祿賞。爵祿失，則士卒疾怨，兵弱不用，曰不平也。不平則飭司馬。刑罰不中，暴亂姦邪不勝，曰不成也。不成則飭司寇。百度不審，立事失理，財物失量，曰貧也，貧則飭司空。」

此處六官的名稱與次序，與周官的六官已甚爲接近。但此處六官是配道德仁聖禮義，而周官的六官則是配天地春夏秋冬。盛德篇的作者，尙未能把天道配到他所提出的六官裡面去。這可能是順著賈誼下來的系統。在賈誼的思想系統中，六的數字，佔有特別重要的地位注二四。戴記既錄入了賈氏新書的保傅篇，而把聖與仁義並列爲德目，亦見於新書。

大戴記千乘第六十八，假托爲魯公與孔子問答之言，中有一段是「設其四佐而官之。司徒典春，以敎民之不則，時不若不合」。「司馬司夏，以敎士車甲」。「司寇司秋，以聽獄訟」。「司空司冬，以制度制地事」。這裡以四官配四時，但尚未以四時名官。同時，因五行而有五官之名，這裡沒有列入「中央土」面僅擧其四，所以不稱四官而稱四佐。

由前面的材料看，官制的數字、名稱，及與天道配合的方式，可以說是參差錯雜，雖有發展的線索可尋，但無劃一之規模可準。這正是此種思想線索，在摸索中前進的應有現象。此種摸索的結果，便是周官的出現。周官可以說是集這一方面思想的大成，規模旣甚宏，條理亦較密。東漢以後，再未出現可以與之相抗的理想性地官制系統的出現。

四　思想線索發展的結果——周官的成立

周官官制的構造，在「小宰之職」的「以官府之六屬擧邦治」中，有全面性的槪述。原文是：

「以官府之六屬舉邦治。一曰天官，其屬六十，掌邦治。大事則從其長，小事則專達。二曰地官，其屬六十，掌邦教。大事則從其長，小事則專達。三曰春官，其屬六十，掌邦禮。大事則從其長，小事則專達。四曰夏官，其屬六十，掌邦政。大事則從其長，小事則專達。五曰秋官，其屬六十，掌邦刑。大事則從其長，小事則專達。六曰冬官，其屬六十，掌邦事。大事則從其長，小事則專達。」注二五

鄭玄注（以後簡稱鄭注）：

六官之屬三百六十，舉天地四時日月星辰之度數，天道備矣。前此者成王作周官，其志有述天授位之義，故周公設官分職以法之」。

天官冢宰第一下賈公彥疏（以後簡稱賈疏）引「鄭目錄云，象天所立之官。…天者統理萬物。天子立冢宰使掌邦治，亦所以總御衆官，使不失職」。賈釋之曰「鄭云象天者，周天有三百六十餘度，天官亦總攝三百六十官，故云象天也」。地官司徒第二賈疏「鄭目錄云，象地所立之官。司徒主衆徒，地者載養萬物。天子立司徒，掌邦教，亦所以安擾萬民。」春官宗伯第三

賈疏「鄭目錄云，象春所立之官也……春者出生萬物。天子立宗伯使掌邦禮。典禮以事神爲主，亦所以使天下報本反始」。夏官司馬第四賈疏「鄭云，象夏所立之官…夏整齊萬物。天子立司馬，共掌邦政，政可以平諸侯，正天下，故曰統六師，平邦國」。秋官司寇第五賈疏「鄭目錄云，象秋所立之官。寇、害也，秋者遒也。如秋義殺害，收聚斂藏於萬物也。天子立司寇，使掌邦刑。刑者所以驅惡，納人於善道也」。冬官考工記第六賈疏「鄭目錄云，象冬所立官也……司空之篇亡，漢興購求千金不得，此（考工記）前世識其事者，記錄以備大數，古周禮六篇畢矣」。

綜上所述，可以得出無可置疑的結論是周官的官制，是法天以體現天道的。體現天道，即是實現政治的最高理想。體現天道有二，一爲官名，二爲官數。

呂不韋的門客，發展了鄒衍的陰陽五行思想，以成呂氏春秋中的十二紀紀首，他的目的，在序意中說得很清楚，是認爲「古之清世，是法天地」；法天地，即是應同篇中所說的「帝者同氣」。氣是陰陽之氣，同氣者，是說最高政治理想人物的帝，他的政治設施，是與天道的陰陽之氣相同的。陰陽之氣，展現爲四時十二月，及東南西北的方位；於是十二紀便把政治的各種設施，按他們所認定的性質，分配到四時十二月及東南西北的方位中去，以與四時十二月與方位中的陰陽之氣相適應。因爲他們認爲五行也是天道的展現，所以又把五行也拉在一起，而五行有五，時與方位僅有四，只好在季夏之月設定一個中央土，使五行都有了著落，這樣他們覺得完成了「法天地」，「與元同氣」的理想政治的大系統注二六但這只是政治設施性質的分配，並沒有作官職性質的分配。前述管子中的五官，由政治設施性質的分配而兼及於官職性質的分配，這是順著十二紀的構想向前發展了一大步。但管子五官中土師、行人、祝宗之名，與司徒司馬之名不大相稱。及董仲舒所構想的五官，除了司營的官名外，出現有司農司馬司徒司寇之名，這已反映出漢代流行的官名。不過管子與董仲舒，都是以五行爲主，而五行在周官中沒有地位。及大戴記盛德篇承賈誼新書之流，擺脫五行的格套而稱冢宰司徒宗伯司馬司寇司空的六官，這與周官更爲接近。但這裡的六官只配上道、德、仁、聖、義、禮的六德，而未直接配上天道。大戴記千乘篇的司徒典春，司馬司夏，司寇司秋，司空司冬，除司徒典春，與周官的司徒爲地官不同外，其餘官名與所典的時季，與周官完全相同。此處雖僅列四官，實與周官更接近了一步。但所有以官職配五行或四季的，官與五行或四季，都是配合的關係；到周官，則不是配合的關係。冢宰不是司天，冢宰即是天，而稱爲天官。司馬不是司夏，司馬即是夏而稱爲夏官。天地春夏秋冬六官的名稱，是周官出現以前，在所有文獻中找不到痕跡的。禮記曲禮「天子建天官，先六大；曰大宰大宗大史大祝大士大卜，典司六典」，此處的所謂「天官」，乃指事天之官，並非官名，也與下文的「五官」「六府」「六工」之非官名一樣。周官的以天地四時爲官名，這表示了以官制體現天道的進一步的大發展。這是長期演變中所突出的結論；至此而此一思想線索得到了完成。由此以推定周官成立的年代，不可能出現在戴德於宣帝時編成大戴記以前。我們也可以說，在周官以外的所有有關說法，都是此一趨向未成熟時的說法，至周官而始成熟。若周官在各說之前，則這類未成熟的，參差不一的說法，便不會出現。這些未成熟的說法，都是爲周官出現所作的開路工作。把這一思想線索弄淸楚了，則其他成書年代的異說，皆無立足之餘地。

但應特別注意的是，周官六官的六，不是順著歷史上由六軍而來的「六卿」觀念所構想出來的。傳統由六軍而來的六卿，他們是安放在鄉裡面。這裡的六官，是如後所述，他們在以數字體現天道中，「六」的數字，有特別重要的意義，由此而出現了六官。「六十」的數字，有特別重要的意義，由此而出現了六官的官屬都是六十。這和爲了湊五行的五，而構想出五官，是同樣的道理。西漢的思想家們，常常爲了湊足他們所要求的數字，而犧牲現實中的合理性，周官中的這一現象更特別嚴重。劉歆們爲了湊足六的數字，便於春夏秋多四官之外，更加上天地兩官。從周初以來，周王只能算是天之子而稱爲「天子」，却不敢稱爲天。春秋時代，對楚吳等國的王，乃稱周王爲天王。現在却在王之下，而有天官地官，然則王是代表什麼呢？嚴格說來，這不能不說是他們一面因強調官制應合於天道太過，一面又要湊足

「六」的數字所來的破綻。

再便是他們以三百六十官的三百六十的數字代表天道的問題。據周髀算經，日曆的「一歲三百六十五日四分日之一」，乃出於「內一衡徑二十三萬八千里，周七十一萬四千里，分爲三百六十五度四分度之一」而來，這是爲了測度的方便所劃分的，毫無神秘地意味，更與音樂及周易，無絲毫關係。但淮南子天文訓，開始以樂律三百六十音與日曆的三百六十日相傅合，而認定這是「天地之道也」；於是「三百六十」的數字，開始有了神密的意義。董仲舒春秋繁露爵國篇第二十八，却由三公九卿的系統而傅會出「天子分左右五等，三百六十三（三字疑衍）人，法天一歲之數」，已開始把官制與三百六十的數字連結在一起，增加了三百六十數字的意義。孟喜京房，承淮南天文訓以音樂合天地之道之流（見後）發展爲卦氣說，從六十四卦中抽出四卦爲辟卦，把其餘的六十卦的三百六十爻，以與日曆的三百六十日相配合，由此以言陰陽消息的天道，較前面兩說，發生了更大的影響，成爲漢易的主流注二七。在卦氣說中，不僅是增加了三百六十的數字的意義；尤其是此種三百六十的數字，是由六十卦及每卦的六爻相乘而得，於是六十與六，在三百六十數字的構成中處於關鍵性的地位，與淮南天文訓中的音樂理論完全相同，於是劉歆們除了機械地把各官的屬官定爲六十之外，由六爻而來的「六」，便取代了五行之五，三公九卿之三，而成爲體現天道的最有力的數字。

漢書律歷志，本於劉歆的三統歷。劉歆的三統歷，其目的不僅在言歷，而係要形成拼盤式的無所不包的哲學大系統。他除了繼承了淮南子天文訓中以樂律傅曆，而加以發展，實際是加以更多的傅會外，更繼承了京房們的卦氣說，進一步把易與律與歷配合在一起，以加強由董仲舒下來的「天的哲學」的內容。律歷志說「至元始中（西紀一—五年）王莽秉政，欲燿名譽，徵天下通知鐘律者百餘（有）餘人，使羲和劉歆等，典領條奏，言之最詳；故刪其僞辭，取正義，著於篇」。由這段說明，可以知道三統歷是集體著作，由劉歆總其成，而王莽也與知其事。律歷志：「伏戲畫八卦，由數起」。又說「數」者一十百千萬也，所以算數事物，順性命之理也」。數何以能順性命之理，因爲數乃天道的表現，而數的最足以表現天道的莫如樂律。這是由管子五行篇到淮南子天文訓的共同思想。所以他們一開始便著重在樂律之數的陳述。但漢書補注齊召南引沈約宋書樂志云「班氏所志，未能通律呂本原，空煩其文，而爲辭費。又推九六，欲符劉歆三統之數，假托非類，以飾其說，皆孟堅之妄矣」。故對他們數字的陳列，很難推其所以然。並不是徵集的百有餘人中，沒有人通律呂；而是他們承管子五行篇及淮南天文訓，將律呂加以神秘化之後，除日歷外，更把五行八卦等「非類」的東西，牽附在一起，致使每一類都成問題。其次，劉歆的所謂三統是：

「三統者，天施地化人事之紀也。十一月乾之初九，陽氣伏於地下，始著為一，萬物萌動，鍾於太陰，故黃鐘為天統。律長九寸。九者所以究極中和，為萬物元也。……六月坤之初六，陰氣受任於太陽，繼養化柔，萬物生長……故林鐘為地統，律長六寸。六者所以含陽之施，楙之於六合之內，含剛柔有體也。……正月乾之九三注二八，萬物棣（及也）通，族出於寅，人奉而成之，仁以養之，義以行之，令事物各得其理。寅木也，為仁；其聲商也為義。故太蔟為人統。律長八寸，象八卦。宓戲氏之所以順天理，通神明，類萬物之情也。立人之道，曰仁與義。在天成象，在地成形，后以裁成天地之道，輔相天地之宜，以左右民，此三律之謂矣，是為三統」。

上面是把易卦。樂律、時歷三者牽合在一起，無義據可言。但應指出的是：天統人統的卦位配置，完全根據京房的卦氣說。惟言「六月坤之初六」，而六月實為坤之六二的遯卦，坤之初六，應為五月之姤卦，此與卦氣說不合，亦與卦爻之實際情形不合。其所以有此錯誤，或出於一時之疏忽，或出於欲以六月之六，配林鐘的律長六守，故置卦之實爻於不顧。總之，在此種配合中，易卦實以京房之卦氣說為主，是無可疑的。又說：

「易曰，參天兩地而倚數。天之數始於一，終於二十有五（正譌云，一、三、五、七、九皆天數，並之得二十五）。其義紀之以三（正譌：參天故以三爲紀），故置一得三。又二十五分之六，凡二十五置，終天之數，得八十一，以天地五位之合終於十者乘之，爲八百一十分，應歷一統（孟康曰，十九歲爲一章。一統凡八十一章）千五百三十九歲之章數，黃鐘之實也。繇（由）此之義，起十二律之周徑。地之數始於二，終於三十，（並二、四、六、八、十得三十），其義紀之以兩，故置一得二，凡三十置，終地之數得六十。以地中數六乘之，爲三百六十分，當期之日，林鐘之實也。人者繼天順地，序氣成物，統八卦，調八風，理八政，正八節，諧八音，舞八佾，監八方，被八荒，以終天地之功，故八八六十四，其義極天地之變。以天地五位之合，終於十者乘之，爲六百四十分，以應六十四卦，太簇之實也」。

上面的「數字遊戲」注二九，主要由易繫辭上「大衍之數五十」及「天一地二」兩章，與律數牽傅而成。「大衍之數五十」章的「凡三百有六十，當期之數」，是由「乾之策二百一十有六，坤之策百四十有四」相加而成。與卦爻無關係，亦卽與陰陽的運行無關係。劉歆的「

凡三百有六十，當期之日」，是由林鐘的律長六寸，六者所以含陽之施而成。「天一地二」的基數，在易傳上有根據，人則在易傳上找不到基數的根據，於是直由「太族爲人統，律長八寸，象八卦」來拼湊。從「統八卦」到「被八荒」，拼湊成八樣事物，再以八的自乘而成爲「八八六十四」，「以應六十四卦」。淮南天文訓，僅將律附合於歷。此處則又將律與易相附合，亦殆始於京房。晉司馬彪本蔡邕劉洪的律歷志以爲續漢書律歷志。志謂「元帝時，郎中京房字君明，知五聲之音，六（六十）律之數。上使太子太傅韋玄成…試問房於樂府。房對受學故小黃令焦延壽……夫十二律之變，至於六十，猶八卦之變，至於六十四也…」。京房此處只將兩者相比擬，至劉歆則進而將兩者相附合。於是上述的易與律與曆合而爲一，在劉歆心目中，以爲這是集淮南落下閎京房們的大成，而「三百六十」的數字，爲易[注三〇]與律及曆之所同。所以三百六十，佔有特別重要意義。劉歆們在創造理想官制時，便定爲三百六十官以代表天道，這決不能出現於京房以前的時代。同時，天統的黃鐘「律長九寸」的九，地統的林鐘的「律長六寸」的六，人統太族的「律長八寸」的八，這都是特別有意義的數字。而管子五行篇「天道以九制，地理以八制，人道以六制」的話，其數字的配合雖地與人不同，但亦可給劉歆們以影響。尤以六乘六十，可以縮帶律與易而得出三百六十，以成「當期之日」，其地位更爲特殊。這都在周官中反映了出來。

王莽劉歆們的野心，和呂不韋一樣，他們要在形式上統合一切，包羅萬有。在用數字以標記事物時也是一樣。對過去發生了影響的數字，都盡量地運用到了。在運用中，有少數是來自承襲，多數則出自他們的自造；少數用的數字有內容，多數則牽強傅會，乃至一無內容。六的數字用得最多，大概有五十種左右，其中有重要的，如六典、六敍、六職、六聯、六計等；也有不重要的。但最值得注意的是，凡牽涉到國家政府各種組織的，縱未明說出是六。而實際則必爲六。如冢宰「治官之屬」爲太宰、小宰、宰夫、上士、中士、下士，共六級。其他各官，亦無不如此。這種情形，只有和三統歷連繫起來才可加以解釋。

秦代的政制，爲漢代所繼承。地方政制中的鄉，大體是承古代的「鄰里鄉黨」注三一而加以整齊規制的。周官的鄉遂制度，在古代找不出踪影注三二，大概是從管子來的。國語齊語「公(桓公)曰，處士農工商若何？管子對曰，……處工就官府，處商就市井，處農就田野，令夫士羣萃而州處」；未有鄉之名。又「桓公曰，定人之居若何。管子對曰，制國以爲二十一鄉……工商之鄉六，士鄉十五注三三，公率五鄉焉，國子率五鄉焉，高子率五鄉焉」。按此處之二十一鄉，恐爲臨時的劃分，而未成爲地方的政制。至於後面還要提到的管仲作內政而寄軍令的軌、里、連、鄉，這是根據士鄉十五所作的平時戰時的軍事部署，亦非正規的地方政制。且其織組是四級。管子立政第四「分國以爲五鄉，鄉爲之師。分鄉以爲五州，州爲之長。分州以爲十里，里爲之尉。分里以爲十游，游爲之宗。十家爲什，五家爲伍，什伍皆有長焉」。此處的鄉、州、里、游，可能爲作者所構想的地方政制，受有國語影響，但與國語不同。而什伍之名，則採自商鞅注三四。因周官特重六，所以不僅將管子的五鄉改爲六鄉，且鄉的組織爲鄉、州、黨、族、閭、比，共六級注三五。六鄉之下有六遂，遂的組織爲：遂、縣、鄙、酇、里、鄰，亦爲六級注三六。人民的組織，亦依鄉、遂的六級爲六級注三七，軍事組織計：伍、兩、卒、旅、師、軍共六級注三八，土地的劃分計：井、邑、丘、甸、縣、都，爲六級注三九。此外，未冠以六，而實爲六的「以樂德教國子」的樂德，爲「中、和、祇、庸、孝、友」的六德；「以樂語教國子」的樂語，爲「興、道、諷、誦、言、語」的六語；以樂舞國子的樂舞爲六舞；而音樂的效果，係通過「六律、六同、五聲、八音、六舞、大合樂」六種而見注四〇。大祝明言「掌六祝」、「六祈」、「作六辭」、「辨六號」、「辨九祭」、「九𢯱(音拜)」；小祝所掌者未出六之名，而小祭祀中「祝號」，事實依然是六；大祭祀由「逆齍盛」到「贊奠」，其工作實數依然爲六注四一。司勳的「以等其功」，實分爲六等。注四二對疆域的劃分主管，爲「職方氏」，「土方氏」，「懷方氏」「合方氏」「訓方氏」「形方氏」的六「方氏」注四三。士師之下，以士名官者六，計：鄉士、遂士、縣士、方士、訝士、朝士。注四四以司名官者六，計：司刑、司刺、司約、司盟、司厲、司圜。其中尚有職金、犬人，乃由他處羼入注四五。又「司約掌邦國及萬民之約劑」，是相當重要的，而所掌的約，亦係六種。注四六以隸名官者六，計司隸、罪隸、蠻隸、閩隸、夷隸、貉隸注四七。大行人掌大賓之禮，諸侯之朝禮六種，除春秋夏冬外，還有「時會」與「殷同」注四八。諸侯之聘禮亦有六，「時聘」「殷頫」「間問」「歸脤」「賀慶」，「致禬」注四九，上面由對六的數字的重視所出現的著意安排，安排得牽強傅會。其他由三、八、九，等數字所安排的，有的有名目而並無內容，亦無不如此。由數字神秘化的發展線索，只能推定這部書乃成立於王莽劉歆之手。

五　文獻線索的考查

下面再從文獻方面加以考查。

首先要澄清的是漢書卷五十三河間獻王傳中的周官，及史記封禪書中所引的周官，到底與現行周官，是一是二的問題。河間獻王傳謂「獻王所得書，皆古文先秦舊書。周官、尚書、禮記、孟子、老子之屬。皆經、傳、說，七十子之徒所論」。上面敍述，應當將「周官尚書」，併爲一名。卽是尚書中的周官，亦卽是尚書中早經亡失的周官。尚書今古文的糾葛最多，有關故事的記錄亦較詳。若河間所得者，周官爲周官，尚書爲尚書，則其所得的尚書，與伏氏所傳的今文，及孔安國在孔壁中所得的古文，其異同若何？在有關文獻中豈得無一言涉及？所以在情理上，只能將「周官尚書」合爲一辭，而解釋爲此周官乃屬於尚書中的一篇。按漢書藝文志諸子略儒家中有「周政六篇」，原注「周時法度政敎。」又「周法九篇，法天地，立百官」。又「河間周制十八篇」，原注「似河間獻王所述也。」戰國末期，以官制言政治理想者甚衆；上列周政周制所述的內容，皆可概稱爲周官，故特加尚書二字以別之；而河間獻王所述周制十八篇，當卽尚書周官的演述。另一間接證據爲史記魯周公世家謂「周之官政未次序，於是周公作周官，官別其宜。作立政，以便百姓」。立政爲尚書中的一篇，則史公此處所說的周官，亦必爲尚書中的一篇。凡魯周公世家中所述周公制作的，皆不出詩書所載，所以史記封禪書引有「周官」曰凡三十一字，亦必係魯周公世家中所述的周官。是史公確曾看到尚書中的周官。但伏生所傳今文二十九篇中旣無周官，孔安國孔壁所出古文十六篇中亦無周官，則史公所見尚書中的周官自何而來？漢人竟無一語涉及，便只能推定史公所見尚書中的周官，卽河間所得的周官，否則無法解釋這一周官的來歷。班固可能不知尚書中的周官與周官一書的分別，見史記封禪書所引周官一段的文字，爲周官一書所無，所以他錄封禪書以爲郊祀志時，便將這三十一字完全刪去。但鄭玄是經學家，他看到了尚書的周官，與周官一書全別，於是爲調停之論，在小宰「以官府之六職擧邦治」條下謂「若此者謂成王作周官，其志有述天授位之義，故周公設官分職以法之」。他意思是說尚書中之周官，是成王所作，賈疏因謂這是「在周公攝政三年時」。但此周官並未法天設官，所以鄭氏便說「其志有述天授位之義」，而現行周官一書，則係周公作以繼成王「述天授位」之志。即設官分職以法天之志。在這種說法中，值得注意的是：鄭氏看到了尚書中的周官，與他所注的周官，確爲兩物。於是將尚書中的周官，屬之於成王，而將周官一書，屬之於周公。這分明與史公在魯周公世家中所說的「周公作周官」，而此周官乃尚書中的一篇，大相歧異。至今日所看到的書序，非復原序之舊 注五〇，不可爲據。

把上面的兩種周官的問題澄清了，便可了解爲周禮（即周官）作疏的賈公彥，在序周禮廢興中他所提出的「然則周禮起於成帝劉歆，而成於鄭玄，附離之者大半。故林孝存以爲武帝知周官末世瀆亂不驗之書，故作十論七難以排棄之。何休亦以爲六國陰謀之書」的結論，是經過一番疏解後所得的有根據的結論。

其次，應指明的，是劉歆讓太常博士書，盛言魯恭王壞孔子宅而得古文於壞壁之中。並未嘗言及周官。漢書三十六劉歆傳謂「儒者師丹爲大司空，亦大怒，奏歆改亂舊章，非毀先帝所立」。成帝崩於綏和二年（西前七年）三月，哀帝即位。據通鑑：王莽是年七月丁卯免大司馬，師丹由左將軍接任。按漢書百官公卿表，師丹於綏和二年（西前七年）十月癸酉，以大司馬爲大司空。次年改元爲建平元年(西前六年)，是年十月壬午，朱博爲大司空，所以表說師丹爲大司空「一年罷」。則讓太常博士書，必寫在建平元年十月以前。周官「文成數萬」，以劉歆後來的推重周官，若向歆父子校書時，此書果在中秘，抑而未伸，則在讓太常博士書中既盛稱逸禮三十九篇，豈有不提及周官之理。顧實漢志講疏謂「歆奏上七略，在建平元年之春夏間」，今漢志六藝略禮家首「古禮經五十六卷」，以次爲記百三十一篇，明堂陰陽三十三篇，王史氏二十一篇，曲台后倉九篇，中庸說二篇，明堂陰陽說五篇，又其次始爲周官經六篇，周官傳四篇。既稱周官爲「經」，則不應著錄於古禮經的傳記之後。由此不難推見，此乃在改名周禮之前所補錄，且有以別於一般之所謂禮，並非劉歆在奏其七略時，已有周官一書。

漢書九十九上王莽傳「是歲（平帝元始四年西紀四年）莽奏起明堂辟雍靈臺，爲學者築舍萬區，作市常滿倉，制度甚盛。立樂經，益博士員，經各五人。徵天下通一藝，教授十一人以上，及有逸禮古書，毛詩周官爾雅天文圖讖鍾律月令兵法史篇文字，通知其意者皆詣公車」。按若將尚書中之周官一詞除外，並將後人傅會之辭加以檢別，則周官一名之正式出現，當以此爲最早。至次年（元始五年）而王莽始加以引用 注五一。周官在逸禮毛詩爾雅等的陪襯中露面，這是作了一番著意安排的。又莽傳「於是公卿大夫博士議郎列侯富平侯張純等九百二人皆曰，……謹以六藝通義，經文所見，周官禮記，宜於今者爲九命之錫」。此一記載，反映出時經一年，周官已得到朝廷官吏共同的承認。尤其值得注意的是，郊祀志所記王莽言禮，皆周官與禮記並稱，他說的禮記，實指的是王制，而此處亦周官禮記並稱，這都說明了周官與王莽的關係。

從元始四年（西紀四年），正式提出周官以後，到了居攝三年（西紀八年）六月，改元爲初始元年。是年九月「莽母功顯君死，意不在哀，令太后詔議其服。少阿羲和劉歆，與博士諸儒七十八人皆曰，居攝之義，所以統立天功，興崇帝道，成就法度，安輯海內也……周武王既沒，周道未成，成王幼少，周公屛成王而居攝，以興周道，……今太皇太后比遭家之不造，委任安漢公宰尹羣僚，衡平天下。遭孺子幼少，未能共上下，皇天降瑞，出丹石之符。是以太皇太后則天明命，詔安漢公居攝踐祚，將以成聖漢之業，與唐虞三代比隆也。攝皇帝遂開秘府，會羣儒，制禮作樂，卒定庶官，茂成天功，聖心周悉，卓爾獨見。發得周禮，以明因監。則天稽古，而損益焉。猶仲尼之聞韶，日月之不可階。非聖哲之至，孰能若茲。綱紀咸張，成在一匱注五二，此其所以保佑聖漢，安靖元元之效也」。劉歆的話，一在改周官之名爲周禮，此後引用者皆用周禮一詞。二在正式表明周官與王莽之關係，以此爲王莽之莫大功德。

劉歆改周官爲周禮，當然是出自王莽的意旨。因尙書已有史記稱引爲周公所作之周官，則元始四年所出之周官，莽歆始終未嘗明言係周公所作。且漢志儒家有周政六篇，周法九篇，河間周制十八篇，基本性質應與莽歆所出之周官，相去不遠，而皆未嘗托之周公。則周官之名，難與周公關連在一起。但元始五年，泉陵侯劉慶上書言「成王幼少稱孺子，周公居攝。今帝富於春秋，宜令安漢公行天子事如周公」。時「平帝疾，莽模仿周公金縢故事，作策請命於泰時，載璧秉圭，願以身代，藏策金縢，置於前殿，敕諸公勿敢言」注五三此後卽以漢之周公自居。是年十二月平帝崩，莽卽按「成王幼少」之說，選宣帝玄孫中最幼的廣戚侯子嬰年二歲立之；再迫令太皇太后下詔以莽攝行皇帝之事，「如周公故事」注五四。所以「周公」一詞，是王莽最大的政治資本。左閔元年「公（齊桓公）曰，魯可取乎？對曰（齊仲孫），不可，猶秉周禮。周禮所以本也……魯不棄周禮，未可動也」。又文十八年「……季文子使太史克對曰……先君周公制周禮」。左昭「二年春，晉侯使韓宣子來聘……觀書於太史氏，見易象與魯春秋，曰，周禮盡在魯矣。吾乃今知周公之德，與周之所以王也」。周禮一詞的本來意義，係概指周公之制作而言。但「周公制周禮」，已成爲極流行的觀念；將周官改名爲周禮，卽暗示了由王莽「發得」的周禮，是周公所作，適合於王莽以周公一詞所表徵的政治野心。正因爲如此，所以東漢儒生因爲痛恨王莽，所以凡言及此書及有關此書的傳注，皆稱周官而不稱周禮。其有稱爲周禮的，乃傳承中被後人所改注五五。正反映出他們雖崇信此書，但不承認由改名所包藏的王莽的政治野心。

上引劉歆與博士諸儒七十八人所奏服制中，謂王莽「發得周禮，以明因監」，這分明是說周禮乃由王莽所發得。若河間獻王所得之周官，即此處之周禮；因獻王進之秘府，未流傳外間，則劉向劉歆父子，校中秘書皆約二十年之久，豈不能發現此「文成數萬」之鉅典，而必待王莽發現？且王莽未嘗校書，亦未嘗在搜求遺軼中有得此鉅典的紀錄，則王莽以何因緣而能發得？若謂本由劉歆發得，特推功於莽，則劉氏父子從中秘中所發得者有逸禮，有古文尚書等，將周官推讓於莽，又何足以爲功德？細按上下文字，則表面謂周禮爲莽所發得，實際乃暗示係由莽所製作。在「發得周禮」一語之上謂「攝皇帝遂開秘府，會羣儒，制禮作樂，卒定庶官，茂成天功，聖心周悉，卓爾獨見」，這是很奇特的一些話。開秘府而發得周禮，怎麼會扯得到「會羣儒，制禮作樂，卒定庶官，茂成天功」的上面去。若周禮是周公所作或前人所作，更扯不到制禮作樂，卒定庶官這些事上去。而由「卒定庶官」這句話，可知莽所制之禮，係以官制爲主的禮，這不是暗指周官，還能作何解釋？若謂此係泛說，則何以前面「遂開秘府」，而後面承之以「發得周禮」。縱然王莽對周禮特別重視，又如何用得上「聖心周悉，卓爾獨見」這兩句話。因此，前面這幾句話，實際是說的王莽「會羣儒」以製。

作周禮的過程。假定劉歆不是暗示周禮是由王莽會羣儒所製作，則在「發得周禮，以明因監」下面的「則天稽古，而損益焉」的話，怎能安放得下去。再接着是「猶仲尼之聞韶，日月之不可階，非聖哲之至，孰能若玆」；從秘府中發現一部書，這部書再有價值，對於發現者怎樣也不能用這些不倫不類的話去歌功頌德。何況「綱紀咸張，成在一匱」注五六，分明指多官尚未製成的情形。因此，上面這些話，是指王莽製造的周禮的價值而言的。故結之以「此其所以保佑聖漢，安靖元元之效也」。周禮不是天上掉下來的符瑞，只有因爲是由王莽所製作，才可以用得上這類的語言。

當然會有人反問，將周官改名周禮，以便僞托於周公，爲什麼又會指出這是王莽所製作，以拆穿自己的謊言呢？首先我應指出，呂不韋聚門客作呂氏春秋，將以作秦統一天下後政治設施的大典。此一政治理想性的野心，給漢代以莫大影響注五七。漢文帝即位後，命博士作王制；淮南王安與其賓客作「劉氏之書」，即今日所通行的淮南子，皆由此一影響而來。董仲舒春秋繁露的第二部分注五八，也含有此意。劉向說苑二十卷，由卷一的君道至卷二十的反質，成一完整系統，也是承風繼起之作。由此可知，王莽劉歆們，順着以官制代表政治理想的統系，在莽以大司馬專政的時候，將政治的共同理想，運用他們可以運用的儒生集團，集此一統系的大成，作實現政治理想的藍本，這並不是創學而係在歷史上有其根源的。

但他們所遇着的矛盾，是在儒學盛行的時代；不假托之於周公，則其書不尊；王莽又不能因此而得與周公攝政之事，古今輝映，以加強其政治地位。但若不透出王莽創製之實，而僅係由秘府中發現一部古典，則王莽自身的勳德不著，將徒有比附周公攝政之名，而無周公所以成爲周公之實。他們爲了解決這一矛盾，於是都出之以暗示的方法。改周官爲周禮，一任人推測其出於周公，而他們始終未明說其出於周公。將此書確定爲出於周公的，實始於馬融而大倡於鄭玄注五九，所以賈公彥便說，「周禮起於成帝劉歆，而成於鄭玄。」要指明周禮實製作於王莽，僅說「攝皇帝遂開秘府，會羣儒，製禮作樂……發得周禮……」也是出之以暗示的方式，使細閱全文的人，推測其可能實出於王莽所製作。因王莽的帝業不終，東漢以言王莽爲大諱，所以這一暗示沒有發生作用。兩種暗示間的矛盾，由上述語言的技巧加以彌縫。「開秘府」的直覺是發現秘府中的秘典，但與「會羣儒製禮作樂」聯在一起，也可以解釋爲「會羣儒」是爲了製禮作樂，而開秘府是爲了找參考材料。「發得周禮」的發，可釋爲發現，也可釋爲發明。由語言的活動性，而可與推測者以活動性。

劉歆很明白地說明周禮係王莽所「發得」；正因爲如此，所以四年之間，將已公開，並已經多次引用過的周官的名稱，正式改名爲周禮；這對任何其他古典的處理，不可能出現這種情形，這可以說是一種特例。但因東漢諱言王莽，便把這一明顯的事實抹煞了。今日對周官歷史的模糊，可以說是從馬融開始。賈公彥序周禮廢興引「馬融傳云」注六〇。

「秦自孝公以下，用商君之法，其政酷烈，與周官相反，故始皇禁挾書，特疾惡，欲絕滅之，搜求焚燒之獨悉，是以隱藏百年。孝武帝始除挾書之律，開獻書之路，既出於山巖屋壁，復入於秘府，五家之儒，莫得見焉」。

按漢書河間獻王傳明言得周官尚書；馬融從班昭伏閣授讀，當知之甚悉。若河間所得者即劉歆們所表出的周官，則河間爲漢代名王，馬融豈有不援引以明其出處之理。馬融習周官，由劉歆到杜子春經鄭衆賈逵，約略爲三傳。漢書王莽傳所記王莽「發得周禮」一事，不論由漢書的簡策及師承的口傳，當亦知之甚悉。但因河間所得者非他所傳的周官，故不得援河間以自重。當時又諱言王莽，故又抹煞他所推尊信服的漢書中的王莽傳而不言。但對周官的歷史，必須有所交代，故姑爲漢武時「出於山巖屋壁」之辭，以資搪塞。高惠文景四帝；皆未提倡儒學。提倡儒學的始於武帝，故即托始於武帝。因爲故意把周官出現的年代推到漢武時代，所以林孝存（臨碩）反周官，便反駁爲「武帝知周官末世瀆亂不驗之書」。因戰國末期，出現了以官制言政治理想的不少著作，東漢時或有人將周官的出現，上推及於戰國，所以何休便「以爲六國陰謀之書」注六一。馬融繼續說：

「至孝成皇帝，達才通人劉向子歆，校理秘書，始得列序，著於錄略。然亡其冬官篇，以考工記足之。時衆儒並出共排，以爲非是，唯歆獨識。其年尚幼，務在廣覽博觀，又多銳精於春秋。末年乃知其周公致太平之跡，跡具在斯。奈遭天下倉卒，兵革並起，疾疫喪荒，弟子死喪。徒有里人河南緱氏杜子春尚在。永平之初，年且九十，家於南山，能通其讀，頗識其說，鄭衆賈逵往受業焉。衆、逵洪雅博聞，又以經書記轉相證明爲解。逵解行於世，衆解不行。兼攬二家爲備。多所遺缺。然衆時所解說近得其實。獨以書序言成王旣黜殷命，還歸在豐作周官，則此周官也，失之矣。……至六十爲武都守，郡小少事，乃述平生之志，著易尚書詩禮傳皆訖。惟念前業未畢者唯周官。年六十有六，目瞑意倦，自力補之，謂之周官傳也」。

賈公彥已指出「歆之錄在於哀帝之時，不審馬融何云……著於錄略者，成帝之時」。我以爲馬融爲了抹煞周官與王莽的關係，便說它是武帝時出於山巖屋壁，入於秘府，所以爲校理秘書的劉歆所序列。爲了說明此書何以未在武帝以前出現，便把惠帝四年三月甲子，因惠帝冠而除挾書律一事，拉下到武帝時代。周官之名，平帝元始四年因王莽徵天下通一藝者而始見；劉歆的七略，當成於哀帝之時，而周官的錄入七略，乃在平帝元始四年到初始元年尚未改名周禮的這段時間所補入。馬融習漢書，這些情形亦無不知之理。但若如此敍述，便不能隱瞞王莽與周官的關係，所以只好把錄入七略的時間由平帝提早到成帝時代。賈公彥謂「錄在哀帝」之時，亦無根據。馬融說劉歆末年「乃知其周官周公致太平之跡」，這是就周官改名周禮一事而推論的，劉歆並未曾明言；否則鄭衆之父鄭興，曾受周官於劉歆；而鄭衆又受周官於杜子春，斷乎不會根據書序而認爲係成王所作。從有關的上下文看，杜子春可以認定是劉歆的弟子。鄭衆之所以有些誤會，乃因他父子皆未曾習尚書注六二。馬氏著有尚書傳，所以能糾正他的錯誤。總之，周官傳承的許多謬說，蓋由東漢士人，避言王莽而起。

六　王莽劉歆制作周官歷程的探索

下面將王莽與劉歆作周官在文獻中可以考查的線索稍加探索。首述王、劉兩人的關係。

漢書三十六劉歆傳「召見成帝，待詔宦者署，爲黃門郎」。太平御覽二百二十一載劉向集書戒子歆曰「今若年少，得黃門侍郎，顯處也」。漢書九十九上王莽傳「陽朔中，世父大將軍鳳病……且死，以託太后及帝，拜爲黃門郎」。王鳳死於陽朔三年（西前二二年）八月，則莽之爲郎，當在此時；時年二十四。劉歆生年及爲郎之年不詳。漢書三十六歆傳，「河平中（西前二八—二五）受詔與父向領校秘書」，此實爲河平三年（西前二六）事。以意推之，則歆係以黃門郎而參校秘書，是其爲郎當在王莽之前約二、三年，得與爲同列，而年亦不相上下。又歆傳「向死後，歆復爲中壘校尉」。向死於成帝綏和元年（前八年），則在此以前，歆爲郎十餘年之久。歆讓太常博士書，當卽在此年。又傳「歆由是(讓太常博士書)忤執政大臣，爲衆儒所訕，懼誅，求出補吏……歷三郡守，數年以病免官，起家復爲安定屬國都尉。會哀帝崩，王莽持政。莽少與歆俱爲黃門郎，重之，白太后，太后留歆爲右曹太中大夫，遷中壘校尉，羲和，京兆尹，使治明堂辟雍，封紅休侯，典儒史卜之官，考定律歷，著三統歷……及王莽簒位，歆爲國師」。直至更始元年（西二一四年）劉歆自殺。按王莽第一次爲大司馬，爲成帝綏和元年（前七年）秋。次年三月成帝崩，哀帝卽位；及秋，王莽罷。元壽二年（西前一年）六月哀帝崩，王莽再以大司馬持政，其援引劉歆，蓋在此時。王莽持政後的人事部署是「王舜王邑爲腹心，甄豐甄邯主擊斷，平晏領機事，劉歆典文章」注六三。由此而至平帝元始四年（西紀四年）「莽奏起明堂辟雍靈臺……制度甚盛」，並在徵「天下通一藝，教授十一人以上」的詔中，出周官之名。由元壽二年再以大司馬持政至此，凡四年時間。我推測，制定周官，莽在哀帝罷政時已先事草創。及劉歆典文章，除完成三統歷外，並將莽所已草創者整理成今日的所謂周官，至次年而開始援引。又越四年爲初始元年（西八年），爲適應政治的要求，乃將周官改名爲周禮。

何以見得周官是王莽草創於前，劉歆整理於後呢？漢書九十九上王莽傳「莽獨孤貧，因折節爲恭儉。受禮經，師事沛郡陳參，勤身博學，被服如儒生」。是他本是習禮的。莽於陽朔三年（西前二二年）爲黃門郎，永始元年（前一六年）封新都侯，「收贍名士」。綏和元年（前八年）莽爲大司馬，與師丹共以禮黜傅太后母丁姬，卒以黴傅太后在太皇太后旁之坐位，罷大司馬就第；就第後二歲遣就國，就國三歲徵還京師，歲餘哀帝崩，再以大司馬持政注六四。這中間共有五年多的韜光養晦的時間；以莽的性格，也必有所作爲。漢書二五下，由平帝元始五年（西五年）起，錄有王莽四次議禮的言論，其中四引「禮記」，兩引周官，對漢代郊祀五帝的興廢，言之如數家珍。則其明習於禮者蓋非一日。而在他第三次言禮時，傳謂「又頗改其祭禮」；假定他若無所制作，則如何能「頗改其祭禮」。元始四年（西紀四年）秋詔議九錫之法，五年（西紀五年）莽上書辭謝中有謂「聖德純美，承天尚古；制禮以治民，作樂以移風」。又「願諸章下議者皆寢勿上，使臣莽得盡力畢制禮作樂事。事成以傳示天下，與海內平之」。他來了這套假辭讓後，「甄邯等白太后詔曰可……方制作未定，事須公而決，故且聽公制作畢成」。又張純等九百二人「謹以六經通義，經文所見，周官禮記宜於命者爲九命之錫」。在是年（五年）五月庚寅，正式加九錫後，莽奏請「謹以經義，正十二州名」，又「增法五十條，犯者徙之西海」注六五。又漢書二十四下食貨志「王莽居攝，變漢制」，「據周制改變幣制」。又據「國師公劉歆言周有泉府之官，遂下詔據周禮「開賒貸，張五均」之法。又據周官定稅法注六六，都是他以經義從事的制作的一端。這裏最值得注意的是：王莽的政治理想與野心，皆集中在制禮作樂之上。則他曾草創周官，是一種合理的推測。但他第二次以大司馬持政之後，便沒有「親自制作」的時間，只好委之於「典文章」的劉歆，由他整理成書，也是合理的推測。我的推測，是以上面相關的材料作根據或導引的。這比之純以捕風捉影的方式推測它成書於周初或戰國時代，不更爲可信嗎？元始四年，正式露面的周官，若係出自秘府，則在當時簡策笨重，奇字又特多的情形下，短期內將其讀通，尚非易事，何能於數月內卽能援引以爲制作的根據。這只有推定莽、歆共造此書，以表達他們的政治理想，一經公佈，便推爲王莽的莫大功德，並想按照藍圖加以實現，始能解答上述的問題。

但因王莽迫切地政治需要，周官並沒有全部完成，便把它公開了。第一是以考工記補冬官之缺的問題。照呂氏春秋及西漢人以抄書爲著書之例，周官雖力求創制，也必旁資博，以爲成書之助。所以汪中的周官徵文注六七謂「於古凡得六徵」，以證明周官乃西周「朝之政典……官失而師儒傳之，七十子後學者繫之於六藝。其傳習之緒，明白可鑿」，一切這類的說法，皆毫無意義。按照周官體例，考工記應爲周官冬官中的一篇，也和周書職方第六十二，成爲夏官中的一篇相同。但冬官司空「事官」的「事」，已多列在其他五官中去湊數，所以自宋俞廷椿周官復古編起，倡爲「司空之篇，實雜出於五官之屬」注六八之說，更由許多人作了抽補塡充的工作。實際則是寫到冬官時，既感湊够六十官數的不易，加以王莽由持政而攝政之勢已成，迫不及待的要拿出來，藉此以竦動天下人的耳目，增加進一步奪取權力的資本；其所以不能不「成在一匱」的原因在此。馬融對此只說「亡其冬官篇，以考工記補之」。鄭玄却添上「漢興購千金不得」注六九。這只是出於鄭氏的一種推測。在鄭氏以前，沒有千金購求的絲毫痕跡。陸德明經典釋文序更說成「或曰，河間獻王開獻書之路，時有李氏上周官五篇，失事官一篇，乃購千金不得，取考工記以補之」。馬融鄭玄諸人，未嘗說周官出於河間獻王，更無李氏獻書之說。經陸氏這一增飾，周官係由王莽「發得」的史實，更爲所掩。而且使劉歆所言「成在一匱」之眞意，更無人省識。陸氏之說，一經隋書經籍志採用，且去「或曰」兩字。此說的影響更大。

周官爲莽歆未成之書，尚在下列二點可以考見。莽、歆合著此書，以常情推之，只是持其綱領，會其指歸；具體節目，當委之於若干博士儒生之手。居攝元年九月與劉歆共同因議莽母的喪服，而將周官改名周禮，且正式宣稱係由莽所「發得」的博士諸儒七十八人，大概即是參加此一具體工作的人。此書未完成的證據之一，小宰明謂六官之屬，各爲六十，以合天道。但天官之屬凡六十有三，地官之屬七十有七，春官之屬凡七十，夏官之屬六十有九，秋官之屬六十有六注七〇。這是在數字上尚未能整齊劃一。其有名無職的，計地官中有司祿，夏官中有軍司馬、輿司馬、行司馬、掌疆、司甲；秋官中有掌察，掌貨賄；多官考工記中有段氏、韋氏、裘氏、筐人、槨人、雕人。上面所缺的職守，大抵在其他官名下可以找到。這種情形，是從事具體製作的人，有的想出了名稱，但一時想不出職守；有的想出了職守，因一時疏忽，又記錄到其他官名下去了，這種情形，不能僅以脫簡作解釋。

次一證據是抄錄材料時把原材料中的文字抄錯，而未及加以校正。夏官中職方氏「正南曰荆州……其浸潁湛」。鄭注「潁出陽城，宜屬豫州，在此非也」。又「河南曰豫州……其浸波溠」。鄭注「春秋傳曰，楚子除道梁溠，營軍臨隨，則溠宜屬荆州，在此非也」。又「正東曰青州……其民二男二女」。鄭注「二男二女數等，似誤也」。以上三點在周書職方第六十二皆不誤。若謂鄭因精於地理，故所指出者恰與周書不謀而合；但若未看到周書青州下「其民二男三女」，便很難指出周官青州下之二男二女是錯誤的。我懷疑鄭氏是先與周書對勘後，始能如此指證。周書記有「厲王失道，芮伯陳誥作芮良夫」，又載有與春秋末期晉賢大夫叔向同時之太子晉；而周官竟抄周書中的一篇，這與鄭玄相信周官是周公致太平之跡，有顯明地矛盾，所以鄭氏諱而不言。卽使是出於暗合，周官是抄自周書，則是決無可疑的。而上述錯誤，乃來自未及校正的抄錄時的錯誤，也是決無可疑的。

漢書藝文志六藝略樂家下有謂「六國之君，魏文侯最爲好古。孝文時得其樂人竇公，獻其書，乃周官大宗伯之大司樂章也」。藝文志出於劉歆的七略，所以此處可以作爲劉歆之言。劉歆將周官補入六藝略時，又列有「周官傳四篇」。馬融序周官流傳的情形，旣稱「唯歆獨識」，是劉歆以外無傳人。則除劉氏外，尚有誰人作傳，而爲鄭賈馬諸人所未涉一字呢？歆後「徒有里人河南杜子春尚在」，杜子春之說，多爲鄭注所引。若杜說卽是周官傳四篇，在時間上也不能錄入七略；故其虛列此名以掩蔽周官之何以突然出現的用心，可謂昭然若揭。蓋劉歆將周官補錄時，在改名周禮之前；其意僅在托古改制，尚未想到以此爲王莽奪取政權的重大工具。準此以推，可以斷周官大司樂章，可能採錄了文帝時所得魏文侯樂工竇公有關樂的材料，而加以修整注七一。但修整時依然有顯著地疏漏而未及校正。周官引用了周書的職方，因周官常用「邦」字及「曰」字，便在周書職方的兩個國字上加邦字，及將九個「爲」字改爲「曰」字注七二，並適應莽、歆的要求（見後）在周書職方一開始「職方氏掌天下之圖」下添以「掌天下之地」一句。又爲與其所擬議的封建制度相合，在最後「凡國公侯伯子男」下增「凡邦國千里，封公以方五百里則四公。方四百里則六侯。方三百里則七伯，方二百里則二十五子，方百里則百男」五句，再援「以周知天下」的原文作結，而未考慮到所增五句，乃說「邦國千里」內若以之封建的情形，與「以周知天下」的原文，並關連不上。這是修改得最少的。考工記必先秦有其書，而其中用齊國的方言注七三，有人以爲是出於先秦齊地的紀錄，這是可信的。但不僅開始從「國有六職」到「百工之事，皆聖人之作也」的一段，是作周官的人所加上去的。其文字、結構，也經過了他們的調整，以適應他們的要求。最顯着的「車有六等之數」，鄭注「車有天地之象，人在其中焉。六等之數，法易之三材六畫」。我認爲車的六等之數，是由全書特重六的數字所湊合起來的。準此以推，假定大司樂的材料，本有根據，甚至真正是根據文帝時竇公所獻，則所以爲樂德者六，爲樂語者六，爲樂舞者六，祭祀的對象亦爲六注七四，其皆爲在脩整中適應由六所代表的理想而加以湊合，至爲顯然。因爲莽歆們特別重視樂，故此篇所加的脩整附益者特甚。其言「若樂六變則天神皆降」，「若樂八變則地示皆出」，「若樂九變則人鬼可得而禮矣」的一段敍述中，宮商角徵羽五聲，而獨缺商，只能推測這是來自修整者一時的疏忽，又爲莽歆所不及校正。由鄭玄的「此樂無商者，祭尚柔，商堅剛也」，以及今人有援韓非子十過篇師曠告晉平公謂衞師涓所鼓者「爲亡國之音」，「此所謂清商也」的故事，而說「所以周官三大祭祀皆不用」。並援禮記樂記載孔子與賓牟賈言樂，孔子問「聲淫及商何也」，對曰「非武音也」，以作「一輩講音樂者，乃力事排斥商聲之證」注七五，皆爲遠於情理的曲說。五聲中之商，乃五個基本音素中的一個音素，爲任何樂曲中所不能缺少；所以大司樂必言六律五聲。韓非所述故事的眞僞不必辨，但所謂「清商」，乃樂中的一個樂曲，也和此故事中所說的「清徵」「清角」一樣。每一樂曲，必由五聲所組成，但有的以商爲主，或以徵以角爲主。其組成的方法及由此方法所得之效果，今不可得而聞，但樂曲與音素中的一個單元，如何可以相混。至樂記孔子所問的「聲淫及商」的商，乃指商朝而言，意謂其中含有貪商之志，注與疏皆甚爲明白。故言三大祭祀之樂而不及商，只能解釋爲修整時的疏漏。大宗伯「以血祭祭社稷五祀五嶽」，而未及四竇，這也是編整時遺漏。鄭玄却謂「不見四竇者，四竇五嶽之匹，或省文」，乃是以曲說作補救。

七　周官在文字結構中所反映出的時代背景

王莽劉歆們既將他們的官制托之於周，繼且暗示此乃周公所作，又加以他們天人合一的思想，則其官名官職，自必力求與漢代保持距離。並且他們是要以此爲改變現狀，發揮理想的根據，則此種距離亦爲他們事實上的需要。以他們的博學精思，也可以建立起此種距離。但任何人的想像力、思考力，總不能完全擺脫他們所處的時代，於是在三鄭注七六的注釋中，我曾約略加以統計，以「若今」的官、事、物爲解釋的，共一百二十有餘；以「王莽時」作解釋的有四。他們的所謂「若今」的「今」，即指漢代而言。其中有的僅爲漢代所有，而鄭氏無法推向前代的，如秋官中的「司隸」，鄭注「隸治勞辱之役者。漢始制司隸，亦使將徒治道溝渠之徒。後稍尊之，使主官府及近郡」。這可以說是他們在隱瞞時代上所露出的最顯明的漏洞。漢書十九上百官公卿表上「司隸周官，武帝征和四年初置，成帝元延四年省。綏和二年哀帝復置，但爲司隸」。因爲班固相信周官出於周初，所以百官表中凡周官中所有的官名，班氏便以爲是周代所設置，而不考慮到事實上的矛盾。作周官的人，更由司隸而想出

「罪隸」「蠻隸」「閩隸」「夷隸」「貉隸」，一共湊成六個隸，這是因武帝設了司隸校尉等八校尉而聯想出來的。司隸校尉開始是「持節從中都官徒千二百人，捕巫蠱，督大奸猾。後罷其兵，察三輔三河弘農」（百官公卿表）。「官徒」是官府中判處徒刑的罪人。司隸校尉的兵是由徒刑罪人所編成的。「後罷其兵」，即說明哀帝時的司隸，不再率管罪人，所以作周官的人便另外想出一個「罪隸」。有越騎校尉，長水（長水胡）校尉，胡騎校尉等，便由此而想出「蠻隸」「閩隸」「夷隸」「貉隸」等。

周官天官中「大府下大夫二人」鄭注「若今司農矣」。又「司會中大夫二人下大夫四人」鄭注「若今尚書」。這實際是由當時的司農、尚書，以制定大府及司會的官職。而鄭所說的「今尚書，乃由漢武起，職權不斷擴大的尚書，非漢初的尚書。漢初不僅尚書「僅治文書而已」，且更無可以與司會職權相當的其他官職。換言之，若無漢武以後的尚書作背景，即很難想像出司會的職權。明王應麟根據周官鄭注，成漢制考一書，蓋欲「以漢制證遺經」注七七；實則應反轉過來，以漢制證周官之所自出。蓋有許多情形，只有漢代才有，不可能推到漢代以前去。天官宰夫「書其能者與其良者而以告於上」鄭注引「鄭司農云，若今時舉孝廉賢良方正茂才異等」。這裏不是漢代主管選舉的，非宰夫之官的問題，而是在漢文以前，乃至在漢武以前，不可能出現此種制度的問題。又如地官小司徒「及三年則大比。大比則受邦國之比要」。鄭注引「鄭司農云，五家爲比，故以比爲名。今時八月案比是也」。古代以畋獵聚民敎戰，決無三年大比的事跡與可能。八月案比，始於漢代，這當然是以漢代八月案比爲背景所構想出來的。其中有關刑獄之與漢代刑獄相合者更多。我們幾乎可以這樣說，除了完全出於虛構誇大者外，除了以先前的典籍爲背景者外，其餘都是以漢代爲背景所構成的。後文還要說到。

西漢自淮南王安以後，經董仲舒以迄劉歆的三統歷，喜歡在一書之內，包羅萬有，概括無遺，而不顧慮到內容的重複，矛盾；我曾稱此爲「拼盤式的哲學」。周官一書，也正反映出此一特性。對於古無徵，於事無取者，尙舖排附會，虛立官職，爲後人所詬病。則對前人已有的成說、故事，其不論矛盾重複，而必求該備無遺，乃必然之勢。他們是根據由六、六十、三百六十的律曆數字所表現的天道以立官制的。但王制乃文帝命博士所造，可稱爲漢人言制度之祖注七八，王莽劉歆豈有不加重視之理。王制中所稱的三公九卿，雖與周官的六官，在體制上本不能相容，莽歆們却不肯置之不顧，在天官小宰「以官府之六屬舉邦治」中，正式舉出天地春夏秋冬六官之名，及屬官之數，其中並無三公的地位。但在小宰後的「宰夫之職，掌治朝之法，以正王及三公六卿大夫羣吏之位」，突然出現有「三公六卿」，然則此三公六卿由何而來？地官司徒下「鄉老，二鄉則公一人，卿一人」。鄭注：「王置六鄉，則公有三人」。這樣便硬把「三公」塞進去了。但在職務分配中並沒有三公的職務。於是三公在周官中變爲無業的「游官」。鄭玄對這種情形的解釋是「三公者內與王論道，中參六官之事，外與六鄉之教。其要爲民，是以屬之鄉焉」。這當然是很牽強的解釋。這種游官性質的三公，與三公一辭出現以後的性格，是完全不同的，與六官分職的系統是完全不合的。但莽歆們運用這種方法以爲便達到了包括王制在內的目的。

六官之長，皆稱爲卿，如「大司徒卿一人」者是。但「三公六卿」的六卿，乃指「每鄉卿一人」而言。他的職責是「各掌其鄉之政教禁令」。這樣一來，莽歆們便覺得古代六軍之帥的六卿也概括在裏面了。

六官之外，再湊上了「三公六卿」，莽歆們尚不滿足，因爲還遺漏了「九卿」，於是把古代王公謙稱之一的「孤」注七九，拿它當作三公下的一種爵位，而稱「孤卿大夫」者，全書凡七八見。然則此孤由何而來呢？史記魏豹彭越列傳贊「席捲千里，南面稱孤」，是史公時尚無孤爲官名之事。後面還要說到，周官采用了大戴記盛德朝事兩篇的材料。朝事篇中有「公之孤四命」及「凡大國之孤，執皮帛以繼小國之君」的話，此處的孤，似爲一種爵位，但並不明瞭，且亦未定爲三孤。周官的三孤，係受此影響，而另有用意。春官典命「公之孤四命」，鄭注引「鄭司農云，九命上公，得置孤卿一人」。公有三，孤亦有三。孤亦是卿，故稱「孤卿」，這便在六卿之外，又加上了三卿，莽歆們便以爲暗合九卿之數，而把九卿的理想也概括在裏面了。孤與公同樣爲無職的游官。

這種大拼盤式的大概括，在最高的祭祀方面也表現了出來。周官中九處提到祀五帝，這是他反映漢代的主要祭祀。五帝有兩個系統，一是歷史傳說中的五帝。五帝之說不同，但同屬於人的性質。呂氏春秋十二紀中的「其帝太皞」「其帝炎帝」「其帝黃帝」「其帝少皞」「其帝顓頊」，是屬於這一系統。國語楚語下觀射父答昭王之問中有「使名姓之後，能知：上下之神，氏姓之出，而心率舊章者爲之宗」。「上下之神」而有「氏姓之出」，由此可知古代之神，多來自有功德的歷史人物，所以本爲屬於人的五帝，亦可升格爲神，而兼爲神的五帝。另一系統是史記封禪書上由漢高祖所完成的系統。「漢高祖二年，東擊項籍而還入關。問故秦時上帝祠何帝也，對曰：四帝，有白青黃赤之祠。高祖曰：吾聞天有五帝，而今有四，何也？莫知其說。於是高祖曰：吾知之矣，乃待我而具五也。乃立黑帝祠，命曰北時」。「秦雜西戎之俗」，立四時以祠四帝，至高祖增而爲五，這是憑空想像出來的五帝。雖因受呂氏春秋十二紀紀首的影響而時有混淆，但待高祖而是五，乃出於秦地，非由歷史中人物所昇格的另一系統，甚爲明顯。高祖「吾聞天有五帝」，乃他將另一系統的五帝應用到出於秦國的系統。所以秦既未承周代郊祀之禮；四時四帝，亦未嘗有五帝之祀。五帝之祠，實始於漢而爲周官所承受。漢書二十五下郊祀志「平帝元始五年，大司馬王莽奏言：高皇帝受命，因雍四時起北時而備五帝，未供天地之祀」，言之甚明。鄭玄在小宗伯「兆五帝於四郊」注謂：「五帝蒼曰靈威仰，太昊食焉。赤曰赤熛怒，炎帝食焉。黃曰含樞紐，黃帝食焉。白曰白招拒，少昊食焉。黑曰汁光紀，顓頊食焉」，這是以由劉邦所完成的五帝爲主，再用「食焉」兩字，把呂氏春秋十二紀紀首的歷史人物的五帝附在裏面，以揉合一個系統，此乃經過緯書所附會出來的，不足以改變王莽所言，漢承秦之四帝，增一帝而祀五帝的事實。漢祀五帝以代周的郊禮，故「未供天地之祀」，這是很自然的。王莽們要便是廢五帝而復天地之祀，要便是仍漢制之舊而僅祀五帝。但這與他們要概括一切的野心不合，所以在周官中，實際是以五帝之祀爲主體，但並不放棄上帝。大宗伯：「以禋祀祀昊天上帝」，又「國有大故，則旅上帝」。典瑞「四圭有邸，以祀天旅上帝」。司服：「王之吉服，祀昊天上帝，則服大裘而冕，祀五帝亦如之」。這卽可證明昊天上帝與五帝並不相同。但在小宗伯「掌建國之神位」中，「兆五帝於四郊」，有五帝的神位，並沒有昊天上帝的神位。因爲他們所繼承的漢代五帝之祀是實，而繼承周代郊祀的昊天上帝是虛。連南郊的方位也給五帝佔去了。但他們只顧包羅得多，決不考慮到由拼湊而來的矛盾。

此外於不知不覺之中，反映他們制作時代的，隨處可見。而最大的，未爲前人所說過的，是表現在夏官大司馬的分職上。自漢武立大司馬以冠將軍之號，霍光遂以大司馬錄尚書事專政。此後大司馬便成實質宰相，而宰相徒擁虛位。「元后父及兄弟，皆以元成世封侯居位輔政，家凡九侯五大司馬」注八〇。王莽年三十八歲時擢大司馬繼王根秉政。一年後爲哀帝所黜。哀帝崩於元壽二年（西前一年），王莽再以大司馬秉政。至元始四年（西四年）因「太保舜等奏言」「伊尹爲阿衡，周公爲太宰」，以莽功兼伊尹周公，遂加莽爲宰衡，位上公注八一，此時，他的地位已超過了大司馬。他草創周官時，他的野心，可能僅止於仿霍光的以大司馬專政，所以在周官中把王的地位架空，把大司馬的職權加實加大。但等到要把周官加以公開時，他的地位已高出於大司馬，則又需將大司馬的權職削弱而重新加以安排。但重新安排，則牽一髮而動全身，於是大司馬之職，不能不以殘缺的形貌出現。

周官中的王是虛位，早有人指出過。在官職的分配上，天官冢宰「掌建邦之六典以佐王治」、「以八法治官府」、「以八則治都鄙」、「以八柄詔王馭羣臣」、「以八統詔王馭萬民」、「以九職馭萬民」、「以九賦斂財賄」、「以九式均節財用」、「以九貢致邦國之用」、「以九兩繫邦國之民」，好像眞正是總攬全局，氣象堂皇。但直接指揮執行的，則由膳夫到腊人，主飲食者九。由醫師到獸醫，主醫療者六。由酒正到漿人，主酒漿者三。還有凌人尚冰，籩人掌四籩之實。還有醢人醯人冪人，都是主管飲食的。宮人、掌舍、幕人是掌宮舍帷幕的。掌次是掌宮幕等的大小丈尺。內宰以下到夏采，主後宮之事者十九。這都是現代政治機關中總務處總務科的業務，但都屬之冢宰。冢宰在政治權力中，還能發生什麼作用？大府玉府內府外府司會司書乃至司裘，則是掌管財貨賦稅的收入貯藏支配的，這不可謂不是政治中的要政。把這種要政繫於冢宰之下，這一方面是受了王制「冢宰制國用」的影響，同時又是反映大司馬專政後，大司農仍屬於外朝宰相系統的現實情況。所以霍光通過鹽鐵大爭論以打擊桑弘羊後，即以曾爲自己僚屬的田延年爲大司農以掌握財經大權。但未變更它的隸屬系統。

夏官大司馬主軍事，「以九伐之法正邦國」，這可以說是他的正常職務。在夏官中對於軍事的組織、動員、訓練，及人員、馬政、兵器等的儲備，特爲詳密，這都可說是正常的。但在「掌建邦國之九法以佐王平邦國」中，除「制軍詰禁，以糾邦國」一項外，其餘「制畿封田以正邦國，設儀辨位以等邦國，進賢興功以作邦國，建牧立監以維邦國」。「乃以九畿之籍施邦國之政職……」「凡會賦，以地與民制之……」。再通過一年四次田狩的上下軍民的總動員，還要三年一大比，把國家的政，都從天官地官中抽出來，而使天官地官都成爲虛有其表。「量人掌建國之法，以分國爲九州，營國城郭，營后宮，量市朝道巷門渠，造都邑亦如之」。再加上「職方氏掌天下之圖，以掌天下之地，辨其邦國都鄙四夷八蠻七閩九貉五戎六狄之人民，與其財用，九穀六畜之數要，周知其利害……」，「土方氏掌土圭之法，以致日景，以土地相宅，而建邦國都鄙……」等等，這便把全國的統治權控制權，都收在大司馬的手上，而把地官大司徒「掌建邦之土地之圖，與其人民之數，以佐王安擾邦國」等相關的職權，剝奪得乾乾淨淨了。「司士掌羣臣之版，以治政令，歲登下其損益之數，辨其年歲與貴賤。周知邦國都家縣鄙之數，卿大夫士庶子之數，以詔王治。以德詔爵，以功詔祿，以能詔士，以久奠食，惟賜無常。正朝儀之位，辨其貴賤之等……掌國中之士治……」大司馬下面的兩個下大夫司士，便把朝廷縣鄙的大小官位，及其爵賞，都拿到手中去了。上士的司勳，「掌六鄉賞地之法以等其功……凡有功者，銘書於王之太常，祭於大烝，司勳詔之。大功司勳藏其貳……」，把六鄉的賞賜權，也從地官大司徒手中拿走了。「諸子掌國子之倅，掌其戒令與其教治，辨其等，正其位……」連大司徒所掌教育中與政治權力有直接關係的也分割到自己手上了。

莽、歆們用心最巧的是把「虛位」，但是最高權力之所在的王，完全由大司馬控制。「虎賁氏掌先後王而趨以卒伍…王在國則守王宮」。「旅賁氏掌執戈盾夾王車而趨」，這都說得過去。祭祀的服冕，則應由春官大宗伯主管。但「節服氏掌祭祀朝覲衮冕，六人維王之太常」。弁師「掌王之五冕」。「祭僕掌受命於王，以眡祭祀而警戒祭祀有司，糾百官之戒具」。因其是王的生活活動的一部分，所以便列入大司馬掌管之內。最奇特的是「太僕掌正王之服位，出入王之大命，掌諸侯之復逆」注八二「小臣掌王之小命，詔相王之小法儀，掌三公及孤卿之復逆」；這便把王與臣下的關係，完全掌握在大司馬手上，而將其傀儡化，活活反映出，由霍光起，以大司馬專政的現實。但很奇怪的是，不僅夏官大司馬屬下有五個是有官無職的，這在五官中為最多。而且按照周官的體制，作為六官中之副的職務最為繁重。小宰為冢宰之副，小司徒為大司徒之副，小宗伯為大宗伯之副，小司寇為大司寇之副，無不如此。可以說，副乃掌執行之大權。惟有作為大司馬之副的小司馬，則僅有「凡小祭祀會同饗射師田喪紀掌其事，如大司馬之法」二十一個字，根本沒有重要職掌。鄭玄對此的解釋是：「此下字脫滅，札爛文缺，漢興求之不得，遂無識其數者」。由「漢興求之不得」之語推之，可見由杜子春所傳下來的即是如此。杜子春先鄭們未曾對此提出解釋，到鄭玄才提出，即可知鄭玄的解釋不能成立。小司馬是中大夫，次於小司馬的下大夫軍司馬的職掌，次於軍司馬的輿司馬及行司馬的職掌，皆缺而不書；即是一連四個官位的職掌，都是殘缺的，這只能解釋為王莽因自己地位的變更，要修改大司馬的職權，又無從修改，所以出現這種現象。

八　周官在思想構成中所反映出的時代背景

現在想進一步探索王莽劉歆們在周官中所表現的政治思想，即使托名甚高，虛說甚繁，但目的還是想解決他們所遭遇的現實政治社會問題。因而我們可由此探索構成他們思想的時代背景。而這種背景的把握，是了解他們政治思想的基點。

中國歷史上最基本的政治問題，是農民問題。「天下已平，高祖乃令賈人不得衣絲乘車，重租稅以困辱之（商）」注八三這是漢代重本（農）抑末（商）政策的開端。此一政策，主要固在提倡生產，但亦含有保障農民生活的意義在裏面。文景兩帝，數下勸農桑之詔，勵孝弟力田之策，並定田稅爲三十取一注八四。這不可不謂對農民農業的提倡、保護，盡到了政治上的力量，也收到了富庶的效果；但並沒有解決農民的根本問題。漢書二十四上「董仲舒……又言古者稅民不過什一，其求易供。使民不過三日，其力易足。……至秦則不然……富者田連仟佰，貧者無立錐之地。又顓川澤之利，管山林之饒。……又加月爲更卒，已復爲正一歲，屯戍一歲。力役三十倍於古。田租口賦鹽鐵之利，二十倍於古。或耕豪民之田，見稅十五。故貧民常衣牛馬之衣，而食犬彘之食。重以貪暴之吏，刑戮妄加。民愁無聊，亡逃山林，轉爲盜賊……漢興循而未改。古井田法雖難卒行，宜稍近古，限民名田，以澹（贍）不足，塞并兼之路。鹽鐵皆歸於民。去奴隸，除專殺之威。薄賦歛，省繇役，以寬民力，然後可善治也。仲舒死後，功費愈甚，天下虛耗，人復相食」。又「哀帝卽位，師丹輔政，建言自古之聖王，莫不設井田，然後治乃可平。孝文皇帝……務勸農桑，帥以節儉，民始充實，未有兼并之害，故不爲民田，及奴婢爲限。今累世承平，豪富吏民訾數鉅萬，而貧弱愈困……宜略爲限」。又王莽「下令曰，漢名減輕田租，三十而稅一，常有更賦，罷癃咸出。而豪民侵陵，分田假㧊。厥名三十，實什稅五也」。師丹王莽之言，足與董仲舒之言互證。這是西漢景帝以後，政治上的嚴重問題。

人民逃避虐政，在戰國時代，已形成政治上的嚴重問題。商鞅變法的目的之一，就是在「以靜生民之業」，使其不逃亡注八五。漢書卷二十四上食貨志記「晁錯復說上（文帝）曰」中有「貧生於不足，不足生於不農，不農則不地著。不地著則離鄉輕家，民如鳥獸」，此猶承商鞅之意。漢初時大城名都「民人散亡，戶口可得而數，裁什二三」注八六。天下統一以後，因口賦、力役、汚吏、天災，及由賣爵而來的刑罰賦役不平等等，人民流亡的情形，亦未嘗斷絕，至武帝而益甚。所以他特有振流民詔注八七，在報石慶中，特有「今流民愈多」

之語注八八。武帝死後四年，卽昭帝始元四年秋七月，詔中謂「比歲不登，流庸未盡還」。再過兩年爲元始六年，在鹽鐵大辯論中，御史責「民猶背恩棄義而遠流亡，逃匿上公之事」。文學則沉痛的指出流亡的情形是「……民非利避上公之事而樂流亡也。往者軍陣數起，用度不足，以訾徵賦，常取給見民，田家又被其勞，故不齊出於南畝也。大抵逋流皆在大家；吏正畏憚，不敢篤責；刻急細民，細民不堪，流亡遠去，中家爲之色（繼）出。後亡者爲先亡者服事。錄名（錄於簿册之名）數創（傷）於惡吏，故相仿傚；是以田地荒蕪，城郭空虛」。這種情形，在宣帝特重吏治情形之下，可能稍爲緩和。所以漢書卷二十四上食貨志謂「至昭帝時流民稍還」。但經元帝以至成帝，因置初陵等事，糜費特甚，流民因之復熾。元帝永光二年二月大赦詔中謂「三光晻昧，元元大困，流散道路，盜賊並興」注八九，成帝鴻嘉四年正月恤民詔中謂「農民失業，怨恨者衆，傷害和氣，水旱爲災，關東流冗（因流亡而冗食）者衆；青幽冀部尤劇」注九〇。而谷永在黑龍見東萊對中有「流散冗食，餧死於道，以百萬計」注九一之言，尤爲痛切。此種情形，愈演愈烈，於是鮑宣在上書諫哀帝中，特綜述了人民逃亡的七種原因。他說「……國家空虛，用度不足，民流亡去城郭，盜賊並起，吏爲殘賊，歲增於前。凡民有七亡。陰陽不和，水旱爲災，一亡也。縣官重責更賦租稅，二亡也。貪吏並公，受取不已，三亡也。豪強大姓，蠶食無厭，四亡也。苛吏繇役，失農桑時，五亡也。部落鼓鳴，男女遮泄（列），六亡也。盜賊刼略，取民財物，七亡也」注九二。七種逃亡的原因不消除，人民逃亡的趨向便不能停止。所以西漢末期的社會，是一種很浮動的社會。

隨著人民逃亡而出現的，必然是盜賊縱橫。不僅地方如此，長安首善之區，亦是如此。史記平準書，對武帝時，山東盜賊猖獗的情形，有較詳的敍述。漢書卷六武帝紀天漢元年「秋閉賊門大索。」二年夏「大搜」。「冬十月詔關都尉曰，今豪傑多遠交東方羣盜，其謹察出入者。」征和元年「冬十一月，發三輔騎士大搜上林，閉長安城門索」。這都是表示長安受到盜賊的威脅。這種情形一直繼續下去，所以漢書卷七十六王尊傳王尊免京兆尹後「湖三老公乘興等上書訟尊治京兆功效日著。往者南山盜賊阻山橫行，剽刼良民，殺奉法吏，道路不通，城門至以警戒；步兵校尉使逐捕，暴師露衆，曠日煩費，不能禽制……」此乃成帝時事。至成股的盜賊，則漢書卷十成帝紀陽朔「三年夏六月，潁川鐵官徒申徒聖等百八十人殺長吏，盜庫兵，自稱將軍，經歷九郡……」鴻嘉三年冬「廣漢男子鄭躬等六十餘人，攻官寺，篡囚徒，盜庫兵，自稱山君」。四年冬「廣漢鄭躬等黨羽寖廣，犯歷四縣，衆且萬人……合三萬人擊之，或相捕斬除罪，旬月平」。永始三年「十一月府民男子樊並等十三人謀反，殺陳留太守，刼略吏民，自稱將軍。徒李譚等五人共格殺並等，皆封爲列侯」。又「十二月山陽鐵官徒蘇令等二百二十八人攻殺長吏，盜庫兵自稱將軍，經歷郡國十九……」。

在上述由土地兼併而來的貧富懸殊，由賣爵贖罪注九三等而來的更賦刑罰的不平等，由口賦而來的對貧民的普遍地榨壓，及由吏治殘酷而來的對貧民的踐踏，使人民不斷發生大量的逃亡，由逃亡而盜賊滋蔓。於是當時的大一統，在表面上太平無事，實則常在動蕩混亂之中；勢必破壞兵役力役制度，減少財政收入。王莽劉歆在政治上的理想，除了表明在以官制合天道之外，又強調了「均」的觀念注九四，想解決由貧富懸殊所引起的政治根本問題。更將管仲內政寄軍令的方法加以擴大，使政治社會，成爲一個嚴密的便於澈底控制的組織體，想由此根本解決由流亡所引起的各種問題。此一組織體，不僅是軍事性的；政府的政令，都是通過此一組織體而實現，使其能發揮最高效能。這是對自由而散漫的農業社會的大變革，甚至可以說是今日以蘇聯爲範本的各社會主義的國家形態，在約一千九百年前，已由中國提出了的藍圖。許多人對它發生憧憬的根本原因在此，許多人對它發生懷疑的根本原因也在此，王安石們試行而遭到失敗的原因亦在此。工業社會的結構，當然比農業社會的結構，要緊密而靈活些。中國自鴉片戰爭後，傳統知識分子，受西方工業社會的衝擊，也自然對周官有一番憧憬。梁啓超謂「有爲（康有爲）早年，酷好周禮，嘗貫穴之，著政學通義。後見廖平所著書，乃盡棄舊說」注九五，其實康氏若非溺於今古文的謬說，以周官緣飾變法，他所遇的抵抗或較少。孫詒讓以最大精力，於光緒二十五年著成周禮正義，在序中說「君民上下之間，若會四枝百脈而達於囟（腦），無或雝（擁）閡而弗鬯（暢）也」。正是指這種組織體而言。又說「今泰西之強國，其爲治非嘗稽核於周公成王之典法也。而其所爲政教者務博議而廣學，臬（暨）通道路，嚴追胥，化工物卝（礦）之屬，咸與此經冥符而遙契」。「私念今之大患，在於政教未修，而上下之情睽閡不能相通……然則處今日而論治，宜莫若求其道於此經」。光緒二十六年八國聯軍攻陷天津，控制北京，慈禧太后挈光緒西奔，在西安詔言新政時，某侍郎以詒讓嘗治周禮，屬剌取其與西政合者甄緝之，詒讓乃成周禮政要二卷，將以進呈而未果 注九六。周官中所含的政治思想基調，與西方近代政治社會的理念與結構，有本質上的不同，這是當時知識分子所不會了解的。

九 周官成立的文獻背景

1.周官援引文獻的特性

周官以官制合天道，本文一開始已略述它發展的線索。周官的思想，在文獻上當然有很多來源。但這裡有兩點，首先值得注意。第一、周官在內容上它有一定的主導線，它援引任何先行的思想，必盡可能的向此「主導線」取得折衷。換言之，儘管他的內容有文獻上的來源，也必然經過一番變貌的手術。後人援引找不出另有來源的部分，當作周初的制度來講，固然荒謬。即使援引到有來源的部分，若直接當作古代的制度來講，也是非常危險的。三鄭在注解周官時，凡是和儀禮、三傳、禮記乃至其他典籍可以找出關連的，無不盡量援引，意欲以此方法來確定周官是周代禮制的地位；但稍加追實，幾無一義一事，是全相符合的，更不必說是同條共貫。孫詒讓以二十年之力治此書，他在自序中說他所用方法是「以爾雅說文正其詁訓，以禮經（儀禮）大小戴記證其制度」，其用心正與三鄭相同。但在凡例中，不能不承認「此經在漢爲古文之學，與今文家師說不同」。自注「大小戴記及公羊春秋，並今文之學，故與此經義多不合」。如此，則自序中所謂「以禮經大小戴記證其制度」，勢必成爲牽附之談。至於周官不是古文，在最後會提出討論。

其次應注意到的，周官在形式上，有由三、五、六、七、八、九等數字所定下的格套。他們從任何先行文獻中吸收了材料，必須安放在他們這一格套之內而加以重鑄。例如太宰「以八柄詔王馭羣臣」，在「柄」的用辭上，可能是受了國語齊語管仲所說的「而愼用其六柄焉」的影響。但管子小匡篇，「六柄」作「六秉」。如後所述，齊語乃取小匡而成篇，小匡成篇，在國語之前。我懷疑六柄當作六秉；齊語中三個柄字，小匡篇皆作秉，齊語可能亦原作秉，經後人易秉爲柄，而小匡保持未易。若此說可以成立，則周官八柄之柄，恐係受愼子內篇「明王操二柄以馭之，二者刑德也」，及韓非二柄篇的影響的可能性更大。因管子的六秉或六柄，是以民爲對象，所以小匡篇是「謹用其六秉，如是而民情可得，而百姓可御」。愼子韓非則都是以臣爲對象的，所以二柄篇一開始便說「明王之所導制其臣者」。周官此處，正是以臣爲對象。但周官用來時，一定要把二柄擴充爲「八柄」。二柄之二，是實質的。八柄之八，是由數字的神秘觀念所敷衍出來的。周官中有許多表面堂皇，而內容生湊，重複、空虛，多由此而來。因此，類似這樣的東西，可以在其他典籍中找線索，但即使有線索，也難於兩相等同起來。至於把本不是某種組織體機能的一部份，轉用以作爲組織體機能的一部份時，其必需有所改變，乃至在本質上發生變化，而引起不同的作用，這在長期歷史經驗中，是一種深刻的教訓。可以這樣的說，在同樣網羅百家的古典中，以周官陶鑄之工最大，保存羣言的本來面目最少。這一點，是讀周官的人首先要留意，萬不可輕易與古代乃至先秦的東西輕相比附的。

2. 周官與周書及大戴記

周官廣資博取，有許多文獻的片斷，成爲制作時的背景，後面隨文附見。這裏先指出王莽劉歆們，對文獻的資取，爲了避熟就生，所以對周書的資取，遠在詩書春秋三傳之上。他們不僅取周書注九七的職方第六十二以爲夏官大司馬系統下的職方氏；還資取了許多觀念、名詞、乃至格套。

周書我懷疑是由晉國史官系統所傳承編整，至漢初，又經一位傳承者，加了一點材料，例如把呂氏春秋十二紀紀首的材料加到裏面，而爲月令第五十三注九八，並仿尚書序而爲周書序，以成爲現在所看到的形式。其中有關周初的記載，與尚書大有出入，可能是保留了更多原始性地帶有誇大色彩的材料，而未經合理性的整理。其中道德節目，遠較鄒魯之儒所傳述者繁富，這是未經過由深刻體驗而來的鎔合貫通的現象。此書不是出於鄒魯之儒所整理傳承的系統，是可以斷言的。我說它可能是出於晉國史官之手，只是一種推測。但除晉國的史官外，很難找出其另一來源。故朱右曾周書集訓校釋序謂「稱引是書者荀息（原注：引武稱美女破舌……見左氏文二年傳）魏絳（原注：引程典居安思危，見左氏襄十一年傳），狼瞫（原注：引大臣勇則犯上……見戰國策田畛爲陳軫章）皆在孔子前」。這裏應特指出的是；三個引周書的人，都是晉國人。朱氏又說「觀太子晉篇末云，『師曠歸，未及三年，告死者至』，亦似晉史之辭」。上述兩端，也未嘗不可以作周書出於晉國史官之手的證據。惟朱氏因「春秋傳曰，辛有之二子董之晉，於是乎有董史」之言，認爲「辛有當周平王時，周史辛甲之裔，世職載筆。或其子適晉，以周之典籍往，未可知也」。則未免失之於拘泥。孟子離婁下「晉之乘，楚之檮杌，魯之春秋，一也」。則晉分明有史官所錄之史。雖不能遽以周書爲晉之乘，但叔虞以武王之子，成王之弟，封於唐注九九時，晉之史臣，對周事有所傳承纂錄，乃情理之常。以周之典籍歸之晉，在當時是一件突出的大事。辛有之子適晉的時代，未發現此種大事。

在朱氏周書集訓中，至少有十個地方，是引周官作解釋注一〇〇。這卽可倒轉過來，證明周官在這些地方，是受了周書的影響，其中給周官作者以啓發最大的，我以爲莫如周書作雒篇「周公敬念于後曰，予畏周室不延，俾中天下。及將致政，乃作大邑成周於土中。立城千七百二十丈。郛方七十里。南繫于雒水，北因于郟山，以爲天下之大湊。制郊甸方六百里。因西土(宗周)爲方千里。分以百縣，縣有四郡，郡有四鄙……」，以迄終篇，乃地官規劃之所自出。尚書召誥洛誥皆言作雒之事，蓋始于召公，而成功於周公。但皆沒有周書作雒篇所述的規模。更值得注意的是：周書此處特出有縣郡之名；按其統屬，則縣大而郡小，此乃反映春秋之末，開始成爲地方行政單位時，縣大而郡小的情形。進入到戰國後，始漸漸顚倒過來，郡大而縣小。由此可以推斷周書中各篇，許多的原始材料是出自周初，但經過晉國史官加以敷衍，而將敷衍時的材料及個人的觀念也加到裏面去了。

在思想上，有幾個地方，周官受到周書的啓發。常訓第三「夫民羣居而無選，爲政以始之。始之以古，終之以古，行古志今，政之至也。政維今，法維古」。若把此處的「古」，解釋爲天道及周公的禮制，把「今」解釋爲他們所吸收的法家思想，在天道與周公禮制的外衣之下，實行法家之政，以此來了解周官全書的結構，到是非常有意義的。

其次，周官的作者非常重視藝能的藝（見後文），因而把詩書禮樂易春秋的六藝，掉包爲禮樂射御書數的六藝。就今日可以看到的古典中，只可在周書中找到根據。周書中最少在八個地方出現了藝字，而羅匡第六的「餘子務藝」，餘子一詞，亦見於周官。小司徒「凡國之大事致民，小事致餘子」，「餘子」又爲周官的國子，大司樂「養國子以道，乃敎之以六藝」，正從此出。論語中也反映出藝的重要性，如「游於藝」，「吾不試，故藝」，「何其多能也」，能卽是藝。但分量不及周書中藝字意義的重。命訓第二「娛之以樂，愼之以禮，敎之以藝」。大武第八「五良、一取仁，二取智，三取勇，四取材，五取藝」。又「五衞，一明仁懷恕，二明智輔謀，三明武攝勇，四明材攝士，五明藝攝官」，卽此亦可見其一端。

周官中另有一特點，是全書中對賓客的重視。所以冢宰以「九式均節財用」中卽有「二曰賓客之式」；其「六曰幣帛之式」鄭注，「幣帛所以贈勞賓客者」，在九式中佔了兩項。又「以典待邦國之治……以禮待賓客之治」。「凡邦之小治則冢宰聽之，待四方賓客之小治」。小宰「以官府之六職辨邦治……二曰敎職，以安邦國，以賓萬民，以懷賓客……」「以官府之六聯合邦治。一曰祭祀之聯，二曰賓客之聯……」。「以法掌祭祀朝覲會同賓客之戒具」。地官大司徒「大賓客令野脩道委積」。小司徒「小賓客令野脩道委積」。這種對賓客的尊重招待，一直貫徹到地方的行政單位；且有時「賓祭」並稱；大宗伯的五禮，「以邦禮親邦國」的賓禮，與吉，凶、軍、嘉，併列而爲五禮之一，其重要性自不得說。儀禮中的聘禮覲禮，應卽爲賓禮。春秋時代，列國行人聘問的得失，常關乎一個國家的治亂安危，當時非常重視；但這究係臨時性的政治行爲，所以在先秦典籍中，很少像周官這樣，把賓客問題，當作經常性的政治問題來處理。只有在周書中才可追到它的線索，周書中對賓客也非常重視，這是晉爲盟主甚久的一種反映。如羅匡第五「賓祭以中盛」，「賓旅設位有賜」。大明武第九「十因，一樹仁，二勝欲，三賓客……」大匡第十一「王乃召三老吏大夫百執事之人，朝於大庭，問罷病之故，政事之失，刑罰之戾，哀樂之尤，賓客之盛……」大匡第三十八「官□朝道舍賓」等。「惟王建國，辨方正位，體國經野，設官分職，以爲民極」，這是周官冠於六官(若冬官不缺)之首的幾句話，可見「極」是周官中很重要的觀念。尚書洪範「五、皇極，皇建其有極」，「惟皇作極」「會其有極，歸其有極」，周官極的觀念，可能由此而來，但亦可能更受了周書的影響。周書度訓第一「權輕重以極」「□爵以明等極，極以正民，正中外以成命，正上下以順政」「明王是以極等以斷好惡，教民次分」。命訓第二更舉六個「度至於極」，以明「正人莫如極」，而總之以「明王昭天信人以度功，地以利之，使信人畏天，則度至於極」。其他提到極的地方還不少。極的效用，周書較洪範更有統括性，效用性；所以周官的極的觀念，啓自周書的可能性爲更大，周官中「均」的觀念也可能是受周書的影響爲大，因爲均也是周書中的重要觀念。

周官天官「以八則治都鄙」鄭注「典、法、則、所用異，異其名也」。但先秦典籍上，很少看到把「則」作名詞用，而賦與以和典、法平列的意義的。惟周書大匡第三十八有「順九則」「昭明九則」。五權第四十六有「敍以六則」，我以爲周官的八則，是由此啓發而來。

周官內政寄軍令的組織，是本之管子（見後文）。但亦未嘗不受周書大聚第四十下面一段話的影響。

「發令以國爲邑，以邑爲鄉，以鄉爲閭。禍災相恤，資喪比服。五戶爲伍，以首爲長。十夫爲什，以年爲長。合閭立教，以威爲長。合旅同親，以敬爲長。飲食相約，興彈相庸，耦耕俱耘。男女有婚，墳墓相連，民乃有親。六畜有羣，室屋既完，民乃歸之」。

以數字表達事物及道德法制，始於洪範，而莫繁於周書。從命訓第二的六極、六方、三述；常訓第三的四徵、六極、八政、九德、九姦，到文酌第四的九聚、五寶、四忍，三豐、二咎、一極、七事、三尼、三頻、四教、五大、九酌，更完全成了數字系統的敍述，以後有許多篇都是如此。我以爲周官以數字作表達的形式，係由此而來。但須說明者，周書上所用數字，沒有由天道觀念而來的規律性；周官的數字，則皆與作者的天道觀念有關。周書羅列了許多道德節目，而不似鄒魯之儒，將道德節目賦予以上下的層次。周官的道德節目，不及周書之繁，但其不分層次的羅列形式，我以爲係受周書的影響。不過有一點特須注意的是：晉封地近北狄，政治中的軍事性較強；左昭二十九年，賦一鼓鐵以鑄刑鼎，可能爲法家的先導；而周書中「陳五刑，民乃敬。敎之以禮民不爭，被之以刑民始聽」（周祝第六十七）這類的話，已有濃厚地法家意義。但通全書來看，它究係承文王周公的遺緒，持身敬愼，愛民篤至的意味，遠非周官可比。所以王莽們所取資於周書的，形式的意義，遠過於思想的意義。

這裏應附帶一提的是周官與大戴記的關係。大戴記盛德篇所給周官官制的影響，已經提過了。周官春官大宗伯中的典命，秋官大司寇中的大行人小行人司儀掌客等，與大戴記的朝事第七十七，文字內容，多有相同之處；然則這是大戴記採用了周官，還是周官採用了大戴記呢？這裏只簡單提出兩點，以證明是周官鈔大戴記而加以整齊補苴的。第一，大戴記是戴德在宣帝時整編成書的。若戴德在宣帝時採輯周官分散在幾個官職之內的文字以成朝事第七十七一篇，則周官此時必已經流行，劉歆何緣可說是王莽「發得」。這種公開說謊，是對他們的政治目的很不利的。第二，凡兩者間文字若有異同，則必以大戴記爲長。大戴記朝事篇「典命諸侯之五儀，諸臣之五等，以定其爵」，從上文「有典命官掌諸侯之儀」及下文無五儀之說來推論，則不應有兩個五字。且儀由命數而定，如上公九命，「其……禮儀皆以九爲節」。而命分上公、侯伯、子男三等，則儀亦分三等。根本無五儀之說。惟周官「典命掌諸侯之五儀，諸臣之五等之命」，後人據此以改大戴記朝事篇上文，而周官典命更多出「之命」兩字。鄭注周官於此等處皆曲爲之說。如解「五等之命」謂「五等謂孤以下四命三命再命不命也」。據後文「公之孤四命：其卿三命，其大夫再命其士一命」，則共爲四等。至侯伯子男，則僅有卿大夫士三等，怎樣也湊不成五等，更湊不成五等之命。子男之士不命，不命如何可以列入「五等之命」之列。大戴記朝事篇「凡諸侯之適子省於天子，攝君則下其君之禮。未省，則以皮帛繼子男」。省是朝省之省。周官典命易「省」爲「誓」，這就很怪異了。周官典瑞「王晉大圭、」鄭司農注「晉讀爲搢紳之搢，謂插於紳帶之間」。大戴記朝事篇則正作「搢大圭」。諸如此類。這裏應特別指出的，大戴記朝事篇，乃雜鈔儀禮及小戴記中若干有關文獻而成，其自身並沒有嚴格地秩序條理，這一點，恰合周官作者任意驅遣節錄的要求，所以特被他們所資取。周官中與儀禮等的關係，實由此轉手而來。

十　周官組織體的形成與管仲

周官成書，雖廣資博取，但多與周官思想性格的形成沒有多大關係。周官思想的性格，是由形成周官一書中的三大支柱而見。所謂三大支柱，一是前面已經說到的組織體，二是賦役制度，三是刑法制度。由這三大支柱合而爲一所表現的思想性格，乃是法家思想的性格。但王莽劉歆們，生於儒學甚行的時代，又以儒家的遠祖周公爲號召，其中當然有由儒家思想而來的設施，但僅處於次要的地位，甚至是一種緣飾的性格。形成三大支柱背景的，一是管仲，一是法家思想，另一是桑弘羊的財經政策。

管子注一〇一一書，在漢初爲顯學。其中有一部分我懷疑即成立於西漢之初。漢代孝弟力田的政策，可能即由管子書中的思想所啓發。周官與管子的關係，前人論之已多。日本小柳司氣太博士且有管子與周禮的專文，加以較詳的闡述注一〇二，但給周官影響最大的是內政寄軍令的思想與制度。以內政寄軍令，分見於國語齊語及管子小匡篇，可能是眞正出於管仲。漢法民二十始傅，二十三爲正卒。自始傅爲更卒，歲一月。正卒爲衞士一歲，材官騎士一歲，戍邊歲三日，五十六免。」注一〇三「常以歲八月，太守都尉令長丞尉會都試材官騎士，習騎馳戰陣，課殿最。水處爲樓船，亦習戰射行船」注一〇四。這也可以說是一種民兵制度。但從二十歲到五十六歲，繇役的意義，大於兵役的意義。材官騎士等經過選募，平時訓練極有限。召集後始編入軍隊受訓服役，到一定年限便回鄉里。所以馮唐說：「士卒皆家人子，起田中從軍，安知尺籍伍符」注一〇五。這說明了未召集入伍以前及既召集入伍以後，人民是生活在兩種不同條件下所出現的問題。此問題經武帝窮兵黷武，對社會的大破壞；及元成時代中央地方政治的廢弛，必然較馮唐所處的文帝時代，遠爲嚴重，甚至發生了根本性的摧毀。所以發謫徒以從事征戍的規模，由武帝末期起，漸漸取代了漢初以檄或虎符發兵的主要地位注一〇六。王莽劉歆們面對此種情勢，便把管仲的內政寄軍令，作爲改革軍制的重要理想。並以此一理想，作爲實現其它理想的神經系統。

周官卷三小宰「以官府之八成經邦治。一曰聽政役以比居」，鄭注引「鄭司農云，政謂軍政也。役謂發兵起徒役也。比居謂伍籍也。比地爲伍，因內政寄軍令，以伍籍發軍起役者，平而無遺脫也」。是鄭衆已知其中因內政寄軍令之深意，而爲鄭玄所承認。「因內政寄令」，我們只能追溯到管仲。

管仲的因內政寄軍令，分記於國語齊語，及管子小匡第二十。而立政第四，則係節取小匡之一部分，以爲「立政」的九大綱要之一，即所謂「首憲」。王莽劉歆所取資於管子小匡的多於國語中的齊語。

現管子一書，大匡第十八，中匡第十九，小匡第二十，綜述了管仲相齊桓公的始末。大匡中紀齊亂的經過，有的與左氏傳相同，而較左氏傳爲詳。中匡小匡紀管仲相桓公的情形，有的與國語齊語相同，而較齊語爲詳。有關內政寄軍令的部分，則大體相同，而國語較有條理。此種情形，到底是此三篇的作者，取左氏齊語之文而加以敷衍？抑或齊國本流傳有此種紀錄，編定管子者特加大匡中匡小匡之名，而被左丘明節取以入內外傳注一〇七，我的推測，以屬於後者的可能性爲大。因敷衍議論較易，敷衍事實情節之委曲盡致實難。至其中在用辭上有與時代不合的，可解釋爲編定成書時的修飾。其相互間的異同，亦可歸於傳承中的出入，或文字的訛誤。

茲節錄國語齊語有關記載如下：

「桓公曰，定人之居若何？管子對曰，制國以爲二十一鄉。………工商之鄉六，士注一〇八鄉十五。公帥五鄉焉。國子帥五鄉焉，高子帥五鄉焉………」

「桓公曰：吾欲從事於諸侯，其可乎？管子對曰：君若欲速得志於天下諸侯，則事可以隱，令可以寄政。桓公曰：爲之若何？管子對曰，作內政而寄軍令焉……於是制國，五家爲軌，軌爲之長。十軌爲里，里有司。四里爲連，連爲之長。十連爲鄉，鄉有良人焉。以爲軍令，五家爲軌，故五人爲伍。軌長率之。十軌爲里，故五十人爲小戎，里有司帥之。四里爲連，故二百人爲卒，連長帥之。十連爲鄉，故二千人爲旅，鄉良人帥之。五鄉一帥，故萬人爲一軍，五鄉之帥帥之……春以蒐振旅，秋以獮治兵，是故卒伍整於里，軍旅整於郊。內敎既成，令勿使遷徙。伍之人祭祀同福，死喪同恤，福災共之。人與人相疇，家與家相疇。世同居，少同遊。故夜戰聲相聞，是以不乖。晝戰目相見，足以相識……是故守則同固，戰則同彊。」「正月之朝，鄉長復（白）事，君親問焉曰，於子之鄉，有居而好學，慈孝於父母，聰惠質仁，發聞於鄉里者，有則以告；有而不以告，謂之蔽明，其罪五。有司已於事而竣。桓公又問焉曰：於子之鄉，有拳勇股肱之力，秀出於衆者，則以告。桓公又問焉曰：於子之鄉，有不慈孝於父母，不長悌於鄉里，驕躁淫暴，不用上令者，有則以告……是故鄉長退而修賢。桓公親見之，遂使役官，桓公令官長期而書伐，以告且選，選其官之賢者而復用之，曰，有人居我官，有功休德……升以爲上卿之贊，謂之三選。……是故匹夫有善，可得而舉也。匹夫有不善，可得而誅也……」

「桓公曰，伍鄙若何？管子對曰，相地而衰（差等）征，則民不移。政不旅舊（韋注……不以舊人爲師旅），則民不偸。山澤各致其時，則民不苟。陵阜陸（韋注：高平曰陸）墐（韋注：溝上之道）井田疇（韋注：穀地曰田，麻地曰疇）均，則民不憾。無奪民時，則百姓富。犧牲不略，則牛羊遂。桓公曰：何以定民之居？管子對曰：制鄙，三十家爲邑，邑有司。十邑爲卒，卒有卒帥。十卒爲鄉，鄉有鄉帥。（管子小匡作「良人」）三鄉爲縣，縣有縣帥。十縣爲屬，屬有大夫。五屬故立五大夫，各使治一屬焉。」

「正月之朝，五屬大夫復事，桓公擇是寡功者而謫之曰，制地分民如一，何故獨寡功，敎不善則政不治。一再則宥，三則不赦。桓公又親問焉曰（與前錄「正月之朝」者略同）……」

管子小匡的內容，與齊語的內容，基本上是相同的。其中有文字的異同，互有得失。前後次序及詳略的異同，我以爲齊語整理了小匡，並非皆出於傳承中的訛奪。例如齊語「罷士無伍，罷女無家，夫是故民皆勉爲善」，小匡在「罷女無家」下多「士三出妻，逐於境外。

女三嫁，入於春穀」二句，這分明爲左氏所刪。此例頗多。玆將小匡鄉郡的組織，分在兩處敍述。一在「制國以爲二十一鄉……山立三衡」下，即接：

「制五家爲軌，軌有長。十軌爲里，里有司。四里爲連，連有長。十連爲鄉，鄉有良人。三（五）鄉一帥（齊語無此句是）桓公曰：五鄙奈何？管子對曰，制五家爲軌，軌有長。六軌爲邑，邑有司。十邑爲率（卒），率（卒）有長。十率（卒）爲鄉，鄉有良人。三鄉爲屬，屬有帥（大夫），五屬一（五）大夫。」

按小匡係以上爲內政之組織。其鄉的組織與齊語完全相同，而鄙的組織出入頗大，齊語乃採用作內政而寄軍令的一段，而將五鄙的一段刪去。又小匡在上述組織後，再敍述「定民之居」的一大段，皆平時對人民分處與教養之事。此段爲齊語所有，而次序不同。在此大段後，再述「作內政而寄軍令焉」，與齊語完全相同。管仲的內政寄軍令，不僅使人民平時組織與軍事組織合一，而且是通過這種組織，以考覈政治得失及人民的教育與選舉。這都給周官以莫大影響。

管子立政篇：

「分國以爲五鄉，鄉爲之帥。分鄉以爲五州，州爲之長。分州以爲十里，里爲之尉。分里以爲十游，游爲之宗。十家爲什，五家爲伍，什伍皆有長焉」。

在上面的材料中，使用到「尉」、「游」、「什伍」等名詞，這是受有秦的影響，亦卽受有商鞅變法影響的後出材料，不是完全祖述小匡的。

小匡齊語的組織單位是五，在當時大概是由習慣性實際性而來，不必與天道性的五行觀念有關係。但我懷疑因此而誘導出管子一書中對五行觀念的應用。如前所述，「六」的數字，對周官的作者有重要的意義，所以便把以五爲組織單位的，改變爲以六爲組織的單位，使其因此而與天道相附合。

管子稱鄙而不稱遂。尚書費誓有「魯人三郊三遂」之語，周官的六遂，可能受此影響。但周官六鄉六遂的構造，實由管子的五鄉及鄙之五屬而來。不過管子是以諸侯爲背景，定全國爲二十一鄉，十五鄉乃是形成萬人一軍的五個單位。周官則是以「王」爲背景，他們又要與古代「六卿」「六軍」相依附，所以六鄉六遂，是全面性的組織。現把周官的有關材料，簡錄如下：

(一)「以官府之八成經邦治。一曰聽政役以比居。二曰聽師田以簡稽……」卷三天官小宰

(二)「令五家爲比，使之相保。五保爲閭，使之相受。四閭爲族，使之相葬。五族爲黨，使之相救。五黨爲州，使之相賙。五州爲鄉，使之相賓」。卷十地官大司徒

(三)乃會萬民之卒伍而用之。五人爲伍。五伍爲兩。四兩爲卒。五卒爲旅。五旅爲師，五師爲軍。以起軍旅，以作田役，以比軍旅。以會貢賦」。卷十一小司徒

(四)「五家爲比。十家爲聯。五人爲伍，十人爲聯。四閭爲族，八閭爲聯。使之相保相受。刑罰慶賞相及相共，以受邦職，以役國事，以相葬埋」卷十二族師

(五)「以土地之圖，造縣鄙形體之法。五家爲鄰。五鄰爲里。四里爲酇。五酇爲鄙。五鄙爲縣。五縣爲遂。皆有地役溝樹之，使各掌其政令刑禁。以歲時稽其人民而授之田野。簡其兵器，教之稼穡」卷十五遂人

(六)「凡制軍，萬有二千五百人爲軍。王六軍，大國三軍，次國二軍，小國一軍。軍將皆命卿。二千有五百人爲師，師帥皆中大夫。五百人爲旅，旅帥皆下大夫。百人爲卒，卒長皆上士，二十五人爲兩。兩司馬皆中士。五人爲伍，伍皆有長」

卷十八夏官大司馬

周官的結構，以天官主政府官職組織，以地官主地方社會組織。上面的㈠，可以說是組織的總綱領。㈡是鄉的平時組織。㈢是鄉的軍事組織。㈡㈢實際是同一個組織，僅用之於軍事上，便將組織單位的名稱加以改變。㈤是遂的組織。乃承㈡的鄉的組織，以成爲邦國由上而下的縱的組織。㈥則是在㈢的組織基礎上動員爲軍隊的組織。齊語中對鄉的組織是兩重，對鄙的組織是一重。所以周官鄉的組織有㈡與㈢的兩重，而遂則僅有㈤的一重。㈣的族師組織有點奇怪。鄉的官職系統爲鄉大夫↓州長↓黨正↓族師↓閭胥↓比長，凡六級。鄉的社會組織，當然把族師所管轄的包括在內。何以族師又另有㈣的組織。以意推之，小宰「以官府之六聯合邦治。一曰祭祀之聯事。二曰賓客之聯事。三曰喪荒之聯事。四曰軍旅之聯事。五曰田役之聯事。六曰斂弛之聯事，凡小事皆有「聯」。所謂聯，是遇有大事時，須各官聯合辦理，故鄭注稱此爲「官聯」。這可以說是臨時的橫的組織。㈣的組織，乃由「凡小事皆有聯」的構想所導出，以形成社會基層的橫的組織。此橫的組織不能範圍太大，故其單位僅限於三。

在上面所述的組織中，最值得注意的是賦予於組織的任務。㈡中所賦予的任務，是襲用齊語及小匡的。㈢所賦與的任務是「以起軍旅，以作田役，以比軍胥，以令貢賦」；㈤所賦與的任務是「皆有地役溝樹之，使各掌其政令刑禁。以歲時稽其人民而授之田野。簡其兵器，教之稼穡」。這裏說得不够完備，後面還要補充。總之，政治活動，社會活動，都是通過組織而實現。

組織是否嚴密，關係於平日對社會的調查登記是否詳備。周官對此提出了詳密的要求。安放在鄉大夫上面的鄉師，我以爲是幫助小司徒主管地方政治的。鄉師「以國比之法，以時稽其夫家之衆寡，辨其老幼貴賤廢疾馬牛之物，辨其可任者與其施舍者……」這是一重調查登記，鄉大夫「以歲時登其夫家之衆寡，辨其可任者。國中自七尺以及六十，野自六尺以及六十有五皆征之。其舍者國中貴者賢者能者服公事者老者疾者皆舍。以歲時入其書」，這又是一重調查登記。族師「以邦比之法帥四閭之吏以時屬民而登其族之夫家衆寡，辨其貴賤老幼廢疾可任者及其六畜車輦」。閭胥「以歲時各數其閭之衆寡，辨其施舍」。每鄉有四重調查登記。遂人「以歲時登其夫家之衆寡，及其六畜車輦。辨其老幼廢疾與其施舍者，以頒職作事，以令貢賦，以令師田，以起役政」。遂師遂大夫鄰長略同，每遂也有四重的調查登記。其他專業所作之調查登記，特別是土地賦稅的無微不至的調查登記，尚不在此內。這是作成組織運用的基礎。調查登記，早爲政治中的重要活動，但調查登記的嚴密，可能始於商鞅的變法，給秦漢以實際的影響，給周官作者以觀念上的影響。商君書去強第四「強國知十三數。境內倉口之數。壯男壯女之數。老弱之數。官士之數。以言說取食者之數。利民之數。馬牛蒭藁木之數。」境內第十九「四境之內，丈夫女子皆有名於上。生者著，死者削」。這可與周官所要求的，互相對照。

組織以訓練運用而始發生作用。因爲組織雖屬於地官大司徒，而總其成，考其績，施其用的則爲夏官大司馬。所以訓練運用的工作，自然屬於大司馬。如前所述，大司馬「掌建邦國之九法以佐王平邦國」的九法內容。把天官地官的實權都轉過來了。「以九伐之法正邦國」的九伐內容，使大司馬成爲政治的最高監督者。齊語，小匡，「春以蒐振旅，秋以獮治兵」，只有春秋二季。周官則擴充爲四季，而且由王到百官都要參與其事的。「中春敎振旅，司馬以旗致民，平列陳，如戰之陳……以敎坐作進退疾徐疏數之節，遂以蒐田……」「中夏敎茇（鄭注：讀如萊沛之沛）舍如振旅之陳。羣吏撰（鄭注：撰讀曰算）車徒，讀書契，辨號名之由……百官各象其事，以辨軍之夜事。其他皆如振旅。遂以苗田，如蒐之法……」。「中秋敎治兵，如振旅之陳……遂以獮田，如蒐田之法……」。「中冬敎大閱。前期，羣吏戒衆庶，備戰法……誅後繼者……不用命者斬之……遂以狩田……」。敎戰之事，特詳於「中冬」。可以說，一年中經常有四次訓練。這都是屬於大司馬系統。但主管組織的是大司徒。所以作爲小司徒副手的鄉師，「凡四時之田，前期出田法於州里，簡其鼓鐸旗物兵器，修其卒伍。及期，以司徒之大旗，致衆庶而陳之，以旗物辨鄉邑而治其政令刑禁，巡其前後之屯而戮其犯命者，斷其爭禽之訟」。

三年大比，是政治上的重大考核工作。而這種考核工作，正是在組織上進行的。地官大司徒下面的小司徒「頒比法於六鄉之大夫」。「及三年則大比。大比則受邦國之比要。」鄭注「大比謂使天下更簡閱民數及其財物也」。所謂「比要」，乃「五家爲比」的名簿。又「及大比，六鄉四郊之吏，平教治，正政事，考夫屋，及其衆寡六畜兵器，以待政令」。小司徒是大比的領道者，而鄉大夫則是實行大比的中堅，負責人。鄉大夫以下的州長黨正等，則處於贊助地位。因爲大比是以鄉爲單位的。鄉大夫「三年則大比，考其德行道藝，而興賢者能者。鄉老及鄉大夫帥其吏與其衆寡，以禮禮賓(敬)之。厥明（鄭注：其賓之明日）鄉老及鄉大夫羣吏，獻賢能之書於王，王再拜受之，發於天府（鄭注：掌祖廟之寶藏者），內史貳之。退而以鄉射之禮五物詢衆庶。一曰和，二曰容，三曰主皮，四曰和容，五曰興舞。此謂使民興賢，出使長之；使民興能，入使治之」。這分明是由齊語，小匡的「正月之朝，鄉長復事，君親問焉」一段中「是故匹夫有善，可得而舉也。匹夫有不善，可得而誅也」的思想發展出來的，也反映出西漢的鄉舉里選，而加以理想化。所以鄭玄引「鄭司農云，興賢者謂若今舉孝廉。與能者謂若今舉茂才」。

但齊語、小匡，是兼匹夫之善不善以爲誅賞，而鄉大夫僅就興賢興能而言，這是因爲周官把誅的一方面，分屬到大司寇的職權中去了。大司寇「以五刑糾萬民」，齊語，小匡中「四夫有不善，可得而誅也」，在這裡得到發展。

十一、讀法——以吏爲師

王莽們師管仲以內政寄軍令之意，發展出較齊語，小匡遠爲嚴密地一套組織，把他們所構想的政治社會，成爲軍事體制的政治社會，以達到對人民的完全控制。但王莽的思想，與齊語、小匡中所表現的思想，却有很大的距離。此一距離，乃來自王莽吸收了後來法家「以吏爲師」的思想，通過組織性的讀法以求貫澈，這是齊語，小匡中所完全沒有的。在這種地方，突出了王莽作周官的基本性格。

天官大宰「正月之吉，始和，布治於邦國都鄙。乃縣治象之法於象魏，使萬民觀治象，挾日（鄭注：由甲至甲，謂之挾日，凡十月）而斂之」。鄭注：「鄭司農云，象魏，闕也」按魯雉門有兩觀，謂之闕，又名象魏）故魯災（按左傳魯哀公三年），季桓子御公立於象魏之外，命藏象魏，（命收藏象魏所縣之政令）曰舊章不可忘」。由此可知周官此處的敘述，是有歷史根據的。但由這一點發展下去的系統地組織地活動，則只能表示王莽劉歆們達到澈底控制人民所構想出來的方法。

地官大司徒「正月之吉始和，布敎於邦國都鄙。乃縣敎象之法於象魏，使萬民觀敎象，挾日而斂之。乃施敎法於邦國邦鄙，使之各以敎其所治民」。

大司徒次一級的是小司徒。「正歲則帥其屬而觀敎法之象，徇以木鐸曰，不用法者國有常刑……」鄉師「凡四時之徵令有常者，以木鐸徇於市朝」。鄉的政治首長是鄉大夫。鄉大夫「正月之吉，受敎法於司徒，退而頒之於其鄉吏，使各以敎其所治，以考其德行，察其道藝」，「正歲令羣吏考法於司徒，以退各憲之於其所治之國」。次一級的是州長，「正月之吉，各屬其州之民而讀法，以考其德行道藝而勸之，以糾其過惡而戒之」。再次一級的黨正，「四時之孟月吉日，則屬民而讀邦法以糾戒之，春秋祭禜亦如之」。「正歲屬民讀法而書其德行道藝」。又次一級的族師「月吉（鄭注：「每月朔日也」）則屬民而讀邦法，書其孝弟睦婣有學者。春秋祭酺亦如之」。次族師一級的閭胥「凡春秋之祭祀役政喪紀之數，聚衆庶既比，則讀法。書其敬敏任恤者」。愈是下級的，讀法的次數愈多。最基層組織的五家爲比的比長，沒有讀法的規定。但他要負上五家連坐及嚴格控制人民移動的責任。

以上是六鄉的情形，但六遂却沒有這一套。這還是由於鄉遂異治，抑或是周官自身的構造不够周密，很難斷定。

上面有兩點值得注意的是：第一，大司徒縣敎象之法於象魏的時間是「正月之吉」。鄉大夫「受敎法於司徒，退而頒之於其鄉吏」的時間，也是「正月之吉」。州長「屬其民而讀法」，又是「正月之吉」。黨正「屬其民而讀邦法」是「四時之孟月吉日」，則正月之吉，必然包括在裡面。族師是「月吉則屬民而讀邦法」。正月之吉也必然包括在裡面。鄭注：「正月之吉，周正月朔日也」。大司徒在正月朔日縣敎象於象魏，鄉大夫在同一天便頒發了下去；州、黨、族三級，又都在同一天集合民衆來讀，這一天的時間，是怎麼樣够分配使用呢？州長集合讀法之民，實卽是州所屬各黨，黨所屬各族，族所屬各閭，閭所屬各比之民。此外更無所謂民。各比之民，在同一天要到州長，黨正，族師去讀法，難說他們是分身有術嗎？同時，閭沒有規定正月之吉讀法，比根本沒有規定讀法，然則在州、黨、族讀法的人民，另有來原嗎？這都是順着政治思想上要把人民控制得緊緊地要求，於是懸空構畫，而未暇從事實作精密整理所漏出的笑柄。

第二，鄉敎育的責任，周官是交給師氏保氏，這在後面還要談到。但從鄉大夫受法頒法起，通過州長黨正族師閭胥，都把「考其德行，察其道藝」，這種敎育性質的事情，與大司徒所頒之法，緊緊地連在一起，亦卽是把人民的品格、能力，與政府的法令緊緊地連在一起，便自然會以政府的法，作爲衡斷人民品格、能力的唯一標準，而使道藝德行，不能不因之變質，這是法家以吏爲師的巧妙運用。

十二　周官中的土田制度與生產觀念

土田是人民最基本的生產資具，對人民生活有決定性的意義。下面約略討論周官的土田制度。

商鞅變法，土地由自流性的私有，變而爲法制上的私有，兼併現象，勢必因之而起；不過一直到漢文帝時代，此問題還不太嚴重。但文帝卽位後，命博士們所作的王制，依然略取孟子井田之意以作爲理想的田制注二〇九。我研究的結論，古代實有井田制注二一〇，但將其加以理想化以作爲保障農民基本生活的最好制度，則始於孟子，並給西漢知識分子以很大的影響。所以除由博士們採入王制外，文景時代韓嬰的韓詩傳亦特將其提出注二一一。如前所述，西漢末期土地兼併的現象更爲嚴重，周官中的田制，當然要受到井田思想的影響。茲將有關資料錄後：

(一)「凡造都鄙，制其地域而封溝之，以其室數制之。不易之地家百晦。一易之地家二百晦。再易之地家三百晦」卷十地官大司徒

(二)「乃分地職，奠地守，制地貢，而頒職事焉，以爲地法，而待政令」。同上

(三)「乃均土地以稽其人民而周知其數。上地家七人，可任也者三人。中地家六人，可任也者二家五人。下地家五人，可任也者家二人」卷十一小司徒

(四)「乃經土地而井牧其田野。九夫爲井，四井爲邑，四邑爲丘，四丘爲甸，四甸爲縣，四縣爲都，以任地事而令貢賦。凡稅斂之事」。同上

(五)「以廛里而任（用）國中之地，以場圃任園地，以宅田士田賈田任近郊之地，官田牛田賞田牧田任遠郊之地，以公邑之田任甸地，以家邑之田任稍地，以小都之田任縣地，以大都之田任畺地」。卷十三載師

(六)辨其野之土，上地中地下地，以頒田里。上地夫一廛，田百晦，萊五十晦，餘夫亦如之。中地夫一廛，田百晦，萊百晦，餘夫亦如之。下地夫一廛，田百晦，萊二百晦，餘夫亦如之」。卷十五遂人

(七)凡治野，夫間有遂。遂上有徑。十夫有溝，溝上有畛。百夫有洫，洫上有途。千

夫有澮，澮上有道。萬夫有川，川上有路，以達於畿」。同上

㈧「匠人爲溝洫。耜廣五寸。二耜爲耦，一耦之伐，廣尺深尺，謂之甽。田首倍之，廣二尺，深二尺，謂之遂。九夫爲井，井間廣四尺，深四尺，謂之溝。方十里爲成，成間廣八尺，深八尺，謂之洫。方百里爲同，同間廣二尋，深二仞，謂之澮。專達於川，各載其名」。卷四十二考工記匠人

上面的田制，連同考工記匠人的溝洫，可概括稱爲井田制，其受孟子影響固不待論，但授田之法，不僅與孟子所說的有出入，並且自身根本不是統一的。注釋家對這種不統一的情形，多以鄉與遂不同制爲解釋。由㈠到㈤，可說是屬於鄉的田制，㈥㈦是遂的田制。㈧所反映之田制系統，又與以上皆不相符。與孟子的出入，可以解釋爲孟子略而周官詳。且土有饒瘠之不同，而孟子概分以百畝，似不若周官按地味之不同，以定分田之多少，較有彈性。但㈠的「不易之地」、「一易之地」、「再易之地」，應同於㈢的「上地」「中地」「下地」。㈠的三種不同地味，既由分配土地的數量加以平衡，則每家所能養的人數，卽不應有如㈢的差異。㈥的所謂萊，鄭注以「休不耕者」爲釋。上地配田百畝，與㈠相同，但較㈠多「夫一廛」，「萊五十畝」，鄭注以爲「皆所以饒遠人也」，因遂較鄉爲遠。但㈥的「中地」「下

地」所配的土地，又與(一)的「一易」「再易」所配的土地完全相同，沒有「上地」所得的優遇。而(六)的「餘夫亦如之」，卽是一家的長男分配到多少，長男以下的弟弟也可同樣分配到多少，這較之孟子的「餘夫二十五畝」，遠爲優厚。但(一)(三)的鄉井田制中都沒有提到餘夫。而每夫授田之數，是把他所養的家口計算在內。餘夫尚未成家立戶，也授同樣的土地，大概在情理與事實上都做不到。(五)是對井田以外有特別用途的土地的處理注一二二，所以賈疏謂「自外餘地，有此廛里以至牧田九等也」。這想得很周密。但不僅機械不能實行，且其中「官田」「賈田」注一二三「賞田」，卽係反映周官成立時代之現實，而未及顧慮到與井田制的矛盾。井田制但有公田而無官田。但成帝已私購官田。

(四)(七)(八)，是叙述井田制下所形成的區劃及水利交通的組成系統。(四)是屬於鄉的，它的組成單位是：井—邑—丘—甸—縣—都。其組成單位共六個。單位與單位之間，是以「四」累進的。(七)是屬於遂的，它是以交通水利爲組成單位。情形是：遂（夫）→溝（十夫）→洫→澮→川→畿。其組成單位也是六個，而單位與單位之間，除川與畿中間，還應隔着鄉，沒有直接的組成關係外，其他都是以「十」累進的。(八)沒有說明是屬於鄉或屬於遂的。除甽與遂，係由耜所得的寬與深而來的區分，不關係於土地區分外，餘都是由土地區分而來的交通水利所組成的。其系統如下：

土地區分：井→成→同

水利系統：溝→洫→澮→川

上面值得注意的是：由土地區分而來的單位是三個。由水利系統而來的若加上畛與遂，是六個。單位與單位之間，土地區分是以「十」進的；水利則是以倍進的。(七)與(八)所用的名詞，順序，除(七)沒有畛，(八)沒有畿外，由遂到川，完全相同，而內容不同，例如(七)是說「夫間有遂，遂上有徑；十夫有溝，溝上有畛」。(八)則「田首倍之，廣二尺，深二尺，謂之遂。九夫為井，井間廣四尺，深四尺，謂之溝」。

概觀上面所述異同參差的情形，似乎可作這樣的推測：(八)所述的是古代井田制度的遺規；由(一)到(七)，則是作周官者的構想。在他們構想的時候，一定要比孟子的說法，更為詳細，且要按他們的鄉遂制度加以區分，而又不能完全不照顧到當時的土地現況；這是一個錯綜複雜的問題，所以他們的構想並未達到完全統一的階段，便這樣的拿出來了。但在土地的基本問題上，是所有權公有，使用權私有；而使用者是以「夫」為單位，亦即是以一夫之家為單位，這是可以斷定的。但奇怪的是，對井田中公田私田的分別並不明瞭。於是周官中的井田，成為只有私田而無「八家同養公田」的公田，恰與王莽所試行的王田相合。他們之所以未劃分公田，是因為他們另有賦稅制度的關係。

但有一點不容忽視的是：周官的作者，對農業生產及工業生產，是非常重視的。冢宰「以九職任萬民。一曰三農生九穀，二曰園圃毓草木。三曰虞衡作山澤之材。四曰藪牧養蕃鳥獸。五曰百工飭化八材。六曰商賈阜通貨賄。七曰嬪婦化治絲枲。八曰臣妾聚斂疏林。九曰閒民無常職，轉移職事。」各方面的生產都照顧到了。地官大司徒因主管人民的組織與賦貢，所以對農業生產問題，有更多的注意。如：

(一)「以天下土地之圖，周知九州之地域廣輪之數。辨其山林川澤丘陵墳衍原隰之名物」。卷十大司徒

(二)以土會之法（鄭注：「以土計貢稅之法」），辨五地之物生。一曰山林，其動物宜毛物，其植物宜早（皁）物（鄭注：「鄭司農云柞栗之屬」），其民毛而方。二曰川澤，其動物宜鱗物，其植物宜膏物（鄭注：「膏當爲櫜，字誤也，蓮芡之屬有櫜韜」），其民黑而津。三曰丘陵，其動物宜羽物，其植物宜覈（音核）物，其民專而長。四曰墳衍，其動物宜介物，其植物宜莢物，其民皙而瘠。五曰原隰，其動物宜贏物，其植物宜叢物，其民豐肉而痺」。同上

(三)「以土宜之法，辨十有二土之名物，以相民宅，而知其利害。以阜人民，以蕃鳥

獸，以毓草木，以任土事。辨十有二壤之物而知其種，以教稼穡樹蓺。」同上

(四)頒職事十有二于邦國都鄙，使以登萬民。一曰稼穡，二曰樹蓺。三曰作材。四曰阜蕃。五曰飭材。六曰通材。七曰化材。八曰斂材。九曰生材。十曰學藝。十有一曰世事。十有二曰服事」。同上

(五)草人掌土化之法，以物地相其宜而爲之種。凡糞種，騂剛用牛。赤緹用羊。墳壤用麋。渴澤用鹿。鹹潟用貆，勃壤用狐。埴壚用豕。彊㯺用蕡。輕爂用犬。卷十六草人

(六)稻人掌稼下地。以瀦畜水，以防止水。以溝蕩水，以遂均水，以列舍水，以澮寫水。以涉揚其芟作田。凡稼澤，夏以水殄草，而芟夷之。澤草所生，種之芒種」同上稻人

因爲作者總要把每一種事物，湊成他們所認爲有意義的數字，於是把一小部分有經驗根據的，再加上許多沒有經驗根據的，例如(二)之數五，(三)(四)之數皆十二，(五)(六)未標明數字而實際都是六。再加以執筆來寫的人，不一定是內行，對專門技術性的問題，隨意傅會。例如(五)的糞種，我懷疑是從成帝時氾勝之書「骨汁糞汁溲種」這一項，注一一四，而一面加以簡化，同時

又加以擴充(擴充爲九)，所以鄭康成只好說「若汜勝之術也」。而鄭司農「用牛，以牛骨汁漬其種也」，實卽援汜勝之書以爲說。但在原文上，如何能看出這種意思？卽使是如此，項安世江永，卽已疑其無效注一一五。但是我們可以由此以推想他們是重視人民的職業，重視農業，及生產上的技術問題。不過從他們的結構看，他們只是懸空的表示重視而已，不像對賦役問題的層層落實，愈抓愈緊。呂氏春秋有上農，任地、辨土、審時四篇。從周官用的「任地」「辨土」等用詞看，他們可能受了呂氏春秋這幾篇的一些影響。但內容遠不及呂氏春秋上述四篇的切實。因爲一是由結合經驗而來，一是以自己所定的格套爲主而來。

考工記有齊地的方言，它是齊國所傳承紀錄下的古代工匠製作法式，是可以相信的。但經過了作周官者的修飾。而開始一段，則是修飾者所寫的敘論，前面已經說過。這段敘論，因沒有受到前五篇表達格套的限制，所以文字流暢，內容質實。敘論中說：「國有六職，百工與居一焉；或坐而論道，或作而行之……。坐而論道，謂之王公。作而行之，謂之士大夫。審曲面勢，以飭五材，以辨民器，謂之百工。通四方之珍異以資之，謂之商旅。飭力以長地財，謂之農人。治絲麻以成之謂之婦功」。這裡是把由王公以至婦功，都說成是職業。分工的關係，這便含有統治者與被統治者，實居於平等地位的意義。敘論更以「知者創物，巧者述之。守之世，謂之工，百工之事，皆聖人之作也。爍金以爲刃，凝土以爲器，作車以行陸，作舟以行水，此皆聖人之作也」數句作收束。「百工之事，皆聖人之作也」，可能是從易繫辭下「作結繩而為罔罟，以佃以漁，蓋取諸離」的一段話來的，但用意的重點不同。繫辭下的重點是把器物的起源，追溯到包犧神農的這些聖人能「制器者尚其象」。而考工記這段敘論的重點是在提高制器的價值，與制器工匠的價值，提高到「聖人」的地位；這與近代「勞働神聖」「勞工神聖」的觀念，在精神上是可以相通的。我以為這是周官中最精采最有意義的一部份，可惜沒有受到後來研究周官的人的適當重視。這種地方，也可反映出中國文化在歷史發展中的弱點。

十三　周官中的賦役制度

賦稅制度，構成周官全書的重心，甚至可以說周官整個構想，是為了達到籠盡天下的貨物，是為了大量增加稅收的目的而展開的。在他們的構想中，商賈在社會上沒有演重要的角式。這與自春秋之末以迄戰國及西漢文景元成時代所反映出的商賈活躍的情形，成顯明的對照。所以我認為這是承受了桑弘羊財經政策的重大影響。玆將有關材料錄下：

(一)「以九賦斂財賄。一曰邦中（鄭注：「在城郭者」）之賦。二曰四郊（鄭注：「去國百里」）之賦。三曰邦甸（鄭注：「二百里」）之賦。四曰家削（削亦作稍或鄁。鄭注：「三百里」）之賦。）五曰邦縣（鄭注：「四百里」）之賦。六曰邦都（鄭注：「五百里」）之賦，（鄭注：「此平民也」。按「此」指由一至六而言），七曰關市之賦。八曰山澤之賦（鄭注：「關市山澤，謂占會百物」），九曰弊餘之賦（鄭司農注：「百工之餘。」鄭注：謂賣國中之斥弊，皆末作當增賦者，若今賈人倍算矣」）」卷二天官大宰

(二)「以九式（鄭注：「式謂財之節度」）均節財用。一曰祭祀之式。二曰賓客之式。三曰喪荒之式。四曰羞服之式。五曰工事（鄭注：「作器物者」）之式。六曰幣帛之式（鄭注：「幣帛所以贈勞賓客者」）。七曰芻秣之式。八曰匪頒之式。（鄭注：「鄭司農云，匪分也。頒讀爲班布之班。）九曰好用（鄭注：「燕好所賜予」））之式。」同上

(三)「以九貢致邦國之用。一曰祀貢（鄭注：「鄭司農云，犧牲包茅之屬」）。二曰嬪貢（鄭注：「絲帛」）。三曰器貢（鄭注：「銀鐵石磬丹漆」）。四曰幣貢

（鄭注：「玉馬皮帛」）。五曰材貢（鄭注：「櫄幹括柏篠簜」）。六曰貨貢（鄭注：「金玉龜貝」）。七曰服貢（鄭注：「絺紵」）。八曰斿貢（鄭注：「燕好珠璣琅玕」）。九曰物貢（鄭注：「雜物魚鹽橘柚」）。」同上

(四)「小宰之職…執邦之九貢九賦之貳以均財節邦用」卷三小宰

(五)「以官府之六職辨邦治……四曰政職；以服邦國，以正萬民，以聚百物（鄭注：「聚百物者，司馬主九畿，職方制其貢，各以其所有」）。」同上

(六)「大府掌九貢九賦九功（鄭注：「謂九職」）之貳，以受其貨賄之入，頒其貨於受藏之府，頒其賄於受用之府。」卷六大府

(七)「凡頒財以式法授之。關市之賦，以待王之膳服。（鄭注：「膳服，卽羞服。」又「羞飲食之物也」）。邦中之賦，以待賓客。四郊之賦以待稍秣（鄭注：「卽芻秣」）。家削之賦以待匪頒。邦甸之賦，以待工事。邦縣之賦，以待幣帛。邦都之賦，以待祭祀。山澤之賦，以待喪紀（鄭注：「喪紀，卽喪荒」）。幣餘之賦，以待賜予（鄭注：「賜予卽好用也」）。凡邦國之貢（鄭注：「此九貢之財所給也」）以待弔用。凡萬民之貢（鄭注：「此九職之財」）以充府庫。凡式貢之餘財（鄭注：「謂先給九式及弔用，足府庫而有餘財」）以共（供）玩好之用。凡

邦之賦用取給焉。歲終則以貨賄之入出會之。」同上

(八)「玉府掌王之金玉玩好兵器，凡良（鄭注：善也）貨賄之藏……」同上玉府

(九)內府掌受九貢九賦九功之貨賄，良兵良器，以待邦之大用。（鄭注：「朝覲之頒賜」）凡四方之幣獻之金玉齒革兵器，凡良貨賄入焉。」同上內府

(十)「外府掌邦布（鄭注：「布，泉也」按卽錢）之入出以共百物而待邦之用，凡有法者……」同上外府

(土)「司會掌邦之六典八法八則之貳，以逆（鄭注：「逆受而鉤考之」）邦國都鄙之治。以九貢之法，致邦國之財用。以九賦之法，令田野之財用。以九功之法，令民職之財用。以九式之法，均節邦之財用。掌國之官府郊野縣都之百物財用……」同上司會

(圭)「司書掌邦之六典八法八則九職九正（鄭注：「九正謂九賦九貢正稅也」）九事（鄭注：「九事謂九式。變言之者，重其職，明本而掌之，非徒相副貳也。」）邦中之版，土地之圖，以周知入出百物，以叙（鄭注：「猶比次也……」）其財，受其幣（鄭注：「鄭司農云，講受財物之簿書也。」玄謂「亦受錄其餘幣而爲之簿書」。）。使入於職幣。（賈疏：「餘幣不入於本府而入於職幣之意，若入本

府，卽是久藏，將恐朽爛蠹敗，故入職幣，使人占賣之，本在生利也」）。凡上之用財用，必考於司會」。卷七司書

㈢「三歲則大計羣吏之治，以知民之財，器械之數；以知田野夫家六畜之數，以知山林川澤之數，以逆羣吏之徵令。凡稅斂掌事者受法（鄭注：「法猶數也」）焉。及事成（鄭注：「成猶畢也」）則入要貳焉，凡掌治考焉」。卷七司書

㈣「職內掌邦之賦入，辨其財用之物而執其總（鄭注：「總謂簿書之種別與大凡」），以貳官府都鄙之財入之數，以逆邦國之賦用。」同上職內

㈤「職歲掌邦之賦出，以貳官府都鄙之財，出賜之數，以待會計而考之。凡官府都鄙羣吏之出財用，受式法於職歲。凡上之賜予，以敘（鄭注：「敘受賜者之尊卑」）與職幣授之。及會以式法贊逆會」（鄭注：「助司會鈎考羣吏之計」）

同上

㈥「職幣掌式法以斂官府都鄙與凡用邦財者之幣。振（鄭注：「振猶抍也，檢也」）。賈疏：「以財與之謂之抍，知其足剩謂之檢」）掌事者（鄭注：「以王命有所作爲」）之餘財，皆辨其物而奠（定）其錄（鄭注：「杜子春云：定其錄籍」）揭之（鄭注：「鄭司農云揭之若今時爲書以着其幣」），以詔上之小用賜予。歲終

則會其出。凡邦之會事，以貳法贊之。」同上職幣

(十七)「甸師掌率其屬而耕耨王藉，以時入之，以供齍盛。祭祀供蕭茅。共野果蓏之薦。」卷四甸師

(十八)「獸人…冬獻狼，夏獻麋，春秋獻獸物。凡祭祀喪紀賓客，共其死獸生獸。凡獸入於腊人。皮毛筋角，入於玉府。凡田獸者掌其政令。」同上獸人

(十九)䱷（漁）人掌以時䱷爲梁。春獻王鮪。辨魚物爲鱻（鮮）薧（槁）以共王膳羞。凡祭祀賓客喪紀，共其魚之鱻薧。凡䱷者掌其政令。凡䱷征，入於玉府。」同上䱷人

(二十)鼈人掌取互物（鄭注：「鄭司農云，互物謂有甲𤰈胡龜鼈之屬。」）以時簎（鄭注：「鄭司農云簎謂以扠刺泥中搏取之」）魚鼈龜蜃凡貍物。春獻鼈蜃，秋獻龜魚…掌凡邦之簎事」同上鼈人

以上二十項，皆屬於天官大宰下職權之事。首先值得注意的是(一)的「以九賦斂財賄」鄭玄對賦字的解釋。鄭注：「鄭司農云，邦中之賦二十而稅一，各有差也……玄謂賦，口率出泉（錢）也。今之筭錢，民或謂之賦，此其舊名與？」賈疏「此賦謂口率出錢。」孫詒讓周禮正義首引「說文貝部云，賦斂也…此九賦則皆任地以國用之法也」。繼引「黃以周云，九賦

者斂田地之租也」。而以「黃申先鄭（鄭司農衆）說是也」注二一六。這裡的問題是出在鄭玄何以不用先鄭之說？乃因周官的土田制度，是井田制度。井田制度中，公田的收入，即是後來所謂「田地之租」。若將九賦解釋爲「田地之租」，則恰如杜預注魯宣公十五年之「初稅畝」，是「既取其公田，又取其私田十之一，則爲什而取二」。鄭氏既堅信周官出於周公，亦必堅信魯宣公十五年以前，必無稅畝之事，於是只好不用當時「賦」之通行義，而謂爲「口率出泉」。孫詒讓們不採用鄭氏之說，便不能不承認周官中的田制純屬架空之論。而鄭氏的所謂口率出錢，漢時有兩種。一爲漢書高帝紀「四年初爲算賦」。如淳曰「漢儀注，民年十五以上至五十六出賦錢，人百二十爲一算，爲治庫兵車馬」。另一武帝爲征伐四夷，使「民產子三歲，則出口錢。」後來元帝聽貢禹的話，把口錢改成由七歲開始，算賦改成由二十歲開始注二一七。據漢舊儀下「年七歲以至十四歲，出口錢人二十三」。到了出算賦的年齡，便出算賦而不出口錢。這種人頭稅，是漢代最大的虐政。鄭氏援此以解消井田制度與九賦間的矛盾，但因此而引起更嚴重的矛盾。他在「邦都五百里」下，加一句「此平民也」，是說明由「一曰邦中之賦」到「六曰邦都之賦」，皆指平民所出之算賦口賦。「平民」，鄭氏此處是指商賈以外之民而言。「七曰關市之賦，八曰山澤之賦」，斷不能解釋爲「口率出錢」，於是鄭氏只好轉一個灣解釋爲「若今賈人倍算矣」，這是依然貫徹他的賦是「口率出錢」的主張。但對「九曰弊餘之賦」的賦，鄭氏便無法自圓其說了，尤其是正如漢書補注禹貢傳引王鳴盛的說法，「若古之制，孟子言布縷粟米力役之征盡之，安有口賦……？口錢實始於漢耳」。顧棟高春秋大事表田賦車旅表十四後的邱甲田賦論中謂「余謂周禮出於王莽時…信周禮不如信左傳，信左傳尤不若信詩書。」他所考證的是車馬甲仗，「皆出自上」的問題。但也可轉到在漢以前，發現不出有如漢代的算賦口錢。所以九賦之賦，要便是與井田制相矛盾，要便是遇著它在時代上的矛盾，說明了作者的構想，並未完全成熟。

㈦的「凡頒財以式法授之」一項，乃㈡的以「九式均節財用」一項的應用。但不僅與九式的先後次序不同，名詞亦不統一。㈡稱「羞服」，㈦稱「膳服」。㈡稱「芻秣」，㈦稱「稍秣」。㈡稱「好用」，㈦稱「賜予」。這也反映出在分工撰述時尚未得到最後的整理統一。而㈥的「九功」，㈢的「九事」、「九正」，在大宰小宰中，並未出現。這也是反映出在原來撰述計劃中，有此三項，但在撰述時一下子無法爲這三項想出具體內容，只好加以割愛；而撰述㈥㈢的人依然按原計劃把三個名詞保留了下來。鄭注僅爲彌縫此種虗漏，把「九功」稱爲「九職」，把「九賦」「九貢」稱爲「九正」，以表示其爲「正稅」，把「九式」變稱爲「九事」，是沒有道理的。㈠的九賦之外，另有㈢的九貢。據鄭注，九貢所貢的都是實物，幾乎可說無所不包。「凡邦國之貢，以待弔用。凡萬民之貢，以充府庫」。這說明了貢有兩種來源，兩種用途。(七)主要是說明九賦的用途。其中「邦都之賦以待祭祀」，「山澤之賦，以待喪紀」。再加上九貢中由「祀貢」到「物貢」，這一方面的需要，可以說是太完備太充足了。但由(十七)到(二十)，又有專官專職，作直接的供應，這是很奇特的。據(一)(二)(三)，可知財經政策，是直接掌握在天官大宰手上。而(四)的小宰「執邦之九賦九貢」，當爲大宰之副貳。(六)(七)的大府，是「下大夫二人」，鄭注謂「若今司農」，有如今日之所謂財政部，乃政策的執行者。(十一)的司會，是「中大夫二人」，地位在大府之上，鄭注謂：「若今之尙書」，此指由昭帝時代起，由大將軍大司馬錄尙書事專政，一直演變而爲東漢的「政歸臺閣」之尙書而言。但(十一)所定司會的財經職掌，並非限於稽查考覈範圍。鄭玄以「逆受而鉤考之」釋「以逆邦國都鄙之治」的「逆」字，但此「逆」字並非指九貢九賦。對九貢九賦，則用「致」字「令」字。這樣一來，大府與司會在財經上的職權便無由劃分清楚。

按照官職前後的次序看，則(八)的玉府，(九)的內府，(十)的外府，應爲大府的屬官。玉府是上士，內府，外府都是中士。玉府掌王起居及賞賜所用的物品，及「凡良貨賄之藏」，則大府由九賦九貢所收貨賄，其善（良）者須藏之於玉府。內府「掌受九貢九賦九功之貨賄」，似乎是大府的庫房；但「良兵良器」及「凡良貨賄入焉」，則又似乎只收藏好（良）的。而收藏的用途有二：一是「凡適四方使者共其所受之物而奉之」。二是「凡王及冢宰之好賜予則共之」。玉府內府所收藏的良貨賄，遠超過了他們職掌的需要。且良與不良，因挑選的標準不同而多少亦不同，因而兩府所藏的數量，可大爲升縮。良的都被這兩府挑選去了，然則大府便只有收藏壞的了。且兩府都要收藏良者，其間界線，又如何劃分？這都是不可理解的。外府是主管錢幣的，這可解釋爲是大府的機能的一部分。

(十二)(十三)的司書，(十四)的職內，(十五)的職歲，(十六)的職幣，都是上士，都可以看作是司會的屬官，司會及這些屬官的地位與職掌，皆在大府及其屬官之上。甚至可以說是與大府的職權處於重疊的關係。

總結上面的分析，可以了解一是因爲他們非常重視財政收入，所以不顧人民實際生活情形，搜羅得無微不至，無孔不入；連「占賣國之斥幣」（鄭注幣餘）的這種事情，也由天官大宰屬下的官員去作。二是周官中的王，雖應王莽以大司馬專政的要求，成爲「虛君本位」。但對財賄則有無窮的愛好，以致這種愛好破壞了他們構想中的財政制度。三是大府系統職權與司會系統職權的疊床架屋，反映出由昭帝時代起，直屬內朝大司馬大將軍的尙書——即此處的司會系統，其職權實遠駕直屬外朝丞相的司農——即此處的大府系統之上。此種矛盾現象，不僅應由此書的編述尙未完整的事實加以理解，而應由霍光以來，不信任外朝的這一事實來理解。鄭玄對這種矛盾是感覺到了的，所以極力從注釋中加以彌補，但這是徒勞無功的。綜上三點；只有由武帝進一步摧抑相權，並爲滿足個人侈泰之心，盡搜括的能事等背景，始能加以解釋。

以下將天官以外有關資料簡錄如下：

(一)甲：以土均之法，辨五物（鄭注：「五地之物」）九等，制天下之地征（鄭注：「征稅也」）以作民職，以令地貢，以斂財賦（鄭注：「財謂泉穀，賦謂九賦及軍賦」）以均齊天下之政」。

乙：乃分地職，奠地守，（鄭注：「謂衡麓虞侯之屬」）制地貢，（鄭注：「謂九職所稅也」））而頒職事焉，以爲地法而待政令」。卷十地官大司徒

(二)「小司徒之職，掌建邦之敎法，以稽國中及四郊都鄙之夫家九比之數（鄭注：「九比者，冢宰職出九賦者之人數也」）……乃頒比法於六鄉之大夫，使各登其鄉之衆寡，六畜車輦，辨其物（鄭注：「物、家中之財」），以四時入其數，以施政敎，行徵令」。卷十一小司徒

(三)「乃均土地以稽其人民而周知其數。上地家七人，可任（鄭注：「謂丁強任力役

之事者」）也者家三人。中地家六人，可任也者二家五人。下地家五人，可任也者家二人。凡起徒役，毋過家一人。以其餘爲羨（鄭注：「鄭司農云，羨，饒也」）。惟田（鄭注：「謂獵也」）與追胥（鄭注：「追寇賊也」）竭作。（鄭注：「盡行」）。同上

(四)「乃經土地而井牧其田野。九夫爲井……以任地事而令貢賦，凡稅斂之事」。同上

(五)「鄉師之職……以國比之法，以時稽其夫家衆寡，辨其老幼貴賤廢疾馬牛之物，辨其任者與其施舍者（鄭注：「謂應復免不給繇役」）……大役則率民徒而至……大祭祀，羞牛牲，共茅蒩（鄭注：「士虞禮所謂苴」）。大軍旅會同，正治其徒役與其輂輦，戮其犯令者。大喪用役，則率其民而至，遂治之（鄭注：「治謂監督其事」）……凡四時之田……及期以司徒之大旗致衆庶而陳之……正歲稽其鄉器。比（比長）共吉凶二服，閭共祭器，族共祭器，黨共射器，州共賓器，鄉共吉凶禮樂之事……」。卷十一鄉師

(六)「鄉大夫之職，……以歲時登其夫家之衆寡，辨其可任者。國中自七尺以及六十。野自六尺及六十有五，皆征之（鄭注：「鄭司農云，征之者，給公上事也」。）其舍者國中貴者（鄭注：「若今宗室及關內侯皆復也」）賢者能者，服公事者

（鄭注：「謂若今吏有復除也」）老者（鄭注：「若今八十九十復羨卒也」）疾者（鄭注：「謂今癃者不可事者復之」）皆舍。以四時入其書」。卷十二鄉大夫

(七)「族師……以邦比之法，帥四閭之吏，以時屬民，而校登其族之夫家衆寡，辨其貴賤老幼癈疾可任者及其六畜車輦。」卷十二族師

(八)「五家爲比……以役國事……」同上

(九)「閭胥各掌其閭之徵令。以歲時各數其閭之衆寡，辨其施舍……」。同上閭胥

(十)甲、「牧人……供祭祀之牲牷……」。乙、牛人「凡祭祀共其享牛。」「凡賓客之事，共其牢禮。（鄭注：「飱饔也」）積膳之牛。饗食賓射，共其膳羞之牛。軍事共其犒牛。喪事共其奠牛。凡會同軍旅行役，共其兵車之牛，與其牽傍（鄭注：在轅外輓牛也）以載公任器。凡祭祀共其牛牲之互（鄭注：「若今屠家縣肉格」）與其盆簝以待事」。卷十三牧人、牛人

(十一)「凡任地（鄭注：「鄭司農云，任地謂任土地以起稅賦也」。）國宅無征。（鄭注「稅也」。）園廛二十而一。近郊十一。遠郊二十而三。甸稍縣都皆無過十二。唯其漆林之征，二十而五（鄭注：「周稅輕近而重遠，近者多役也」）」卷十三載師

(十二)「凡宅不毛者（鄭注：「鄭司農云，謂不樹桑麻也」）有里布（鄭注：「罰以一里二十五家之泉」）。凡田不耕者出屋粟（鄭注：「罰以三家之稅粟」）。凡民無職事者出夫家之征。（鄭注：「夫稅者百畝之稅。家稅者出士從車輦，給繇役」）」同上

(十三)「閭師掌國中及四郊之人民六畜之數，以任其力，以待其政令，以時徵其賦」。同上閭師

(十四)「凡任民，任農以耕事，貢九穀。任圃以樹事，貢草木（鄭注：「謂葵韭果蓏之屬」）。任工以飭材事，貢器物。任商以市事，貢貨賄。任牧以畜事，貢鳥獸。任嬪以女事，貢布帛。任衡以山事，貢其物。任虞以澤事，貢其物」。同上

(十五)「均人（鄭注：「主平土地之力政者」）掌均地政。均地守，均地職，均人民牛馬車輦之力政。凡均力政，以歲上下。豐年則公（鄭注：「事也」）旬（鄭注：「均也」）用三日焉，中年則公旬用二日焉。無年則公旬用一日焉。」卷十四均人

(十六)廛人掌斂布絘（音次）布。（鄭注：「布、泉也，鄭司農云，絘布列肆之稅布」。）總布（鄭注：「謂守斗斛銓衡者之稅也」）質布（鄭注：「質人之所罰，犯質劑者之泉也」）罰布（鄭注：「犯市令者之泉也」）廛布（鄭注：「貨賄諸物邸

舍之稅」）而入於泉府。凡屠者斂其皮角筋骨，入於玉府（鄭注：「以當稅給，作器事也」）。凡珍異之有滯者，斂而入於膳府」。卷十五廛人

(十七)甲、「遂人掌邦之野」；乙、「以歲時登其夫家之衆寡及其六畜車輦，辨其老幼廢疾與其施舍者，以頒職作事，以令貢賦，以令師田，以起政役……凡國祭祀共野牲，令野職」。同上遂人

(十八)「里宰掌比其邑之衆寡與其六畜兵器……以歲時合偶於耡……而徵斂其財賦」。同上里宰

(十九)甲、「旅師掌聚野之耡粟屋粟閒粟」乙、「委人掌斂野之賦斂薪芻。凡疏材（鄭注：「草木有實者也」）木材，凡畜聚之物（鄭注：「瓜瓠葵芋禦冬之具也」）以稍聚待賓客，以甸聚待羇旅。凡其余（餘）聚以待頒賜」。卷十六旅師、委人

(二十)甲、「林衡掌巡林麓之禁令，而平其守，以時計林麓而誅賞之。」乙、「川衡掌巡川澤之禁令而平其守……犯禁者執而誅罰之…祭祀賓客共川奠。」丙、「虞澤掌國澤之政令而爲之厲禁。使其地之人守其財物，以時入之於玉府，頒其餘於萬民。凡祭祀賓客，共澤物之奠，喪紀供其葦蒲之事……」丁、「迹人掌邦田（鄭注：「若今苑也」）之地政，爲之厲禁而守之……」戊、「卝人掌金玉錫石之地

而爲之厲禁以守之……」同上林衡，川衡、澤虞、迹人、丱人

(三)甲、「角人掌以時徵齒角凡骨物於山澤之農，以當邦賦之政令，以度量受之，以共財用」，乙、「羽人掌以時徵羽翮之政於山澤之農，以當邦賦之政令……」丙、「掌葛以時徵絺綌之材于山農，凡葛征徵草貢之材於澤農，以當邦賦之政令，以權度受之。」丁、「掌染草，掌以春秋斂染草之物，以權量受之……」戊、「掌炭掌灰物炭物之徵令，以時入之，以權量受之……」己、「掌荼掌以時聚荼，以共喪事。徵野疏材之物以待邦事，凡畜聚之物。」庚、「掌蜃掌斂互物(鄭注：「蚌蛤之屬」)蜃物，以共闉壙之蜃。祭祀共蜃器之蜃。共白盛(鄭注：「猶成也」)之蜃。」同上

(三)大司馬「凡令賦(鄭注：「賦給軍用者也」。)以地與民制之。上地食者參之二，(鄭注：「鄭司農云，上地謂肥美田也。食者參之二，假令一家有三頃，歲種二頃，休其一頃，下地食者參之一，田薄惡者所休多」)其民可用者家三人。中地食者半，其民可用者二家五人。下地食者參之一，其民可用者家二人」。卷二十九大司馬

(三)「掌畜掌養鳥而阜蕃教擾之，祭祀共鳥卵，歲時貢鳥物共膳獻之鳥」。卷三十掌畜

(二四)「職方氏掌天下之圖，以掌天下之地，辨其邦國都鄙四夷八蠻七閩九貉五戎六狄之人民，與其財穀六畜之數，周知其利害」。卷三十三

(二五)「懷方氏掌來遠方之民，致方貢，致遠物而送逆之，達之以節」。同上懷方氏

(二六)「都司馬……以國法掌其政（鄭注：「謂賦稅也」）學。」同上都司馬

(二七)小司寇「及大比，登民數，自生齒以上，登於天府。內史司會冢宰貳之，以制國用」。卷三十五小司寇

(二八)甲、「穴氏掌攻蟄獸……，以時獻其珍異皮革」。乙、「翨氏掌攻猛鳥……以時獻其羽翮」。卷三十七穴氏、翨氏

上面所錄二十八條材料，可分為三大部分。由(一)到(二三)是地官大司徒系統的。由(二三)到(二五)是屬於夏官大司馬系統的。(二七)(二八)，是屬於秋官大司寇系統的。

屬於地官大司徒系統的，又可分為三部分。由(一)到(四)，是屬於朝廷的大司徒小司徒總持原則，總持業務的。由(五)到(十六)，是屬六鄉的地方政治系統的。由(十七)到(二三)，是屬六遂的地方政治系統的。

周官的財賦，既直接由天官冢宰所主持，則司徒「掌邦教」，應無與於此一方面的業

務。但通觀地官全文，他們所負財經方面的責任，其分量實遠過於邦教方面的責任，其原因有三。一爲大司徒「掌建邦之土地之圖」，因而主管土地制度。財賦主要出於土田，並且從㈣看，他們的土田制度，同時即是稅斂制度；由此而有㈠的甲、乙，兩項責任。二爲大司徒掌「其人民之數」，因而主管人民的組織。與財賦相俟的徒役，乃與「人民之數」不可分，由此而服有㈣及㈥的「起徒役」的責任。三爲鄉遂的地方政治，直屬於大司徒的系統，財賦徒役的責任，皆須鄉遂執行，所以鄉遂的內政寄軍令的組織，同時即是執行征財賦，起徒役的組織；這從㈣及㈧可以看得很清楚。通過前面所錄的㈡㈢㈤㈥㈦㈨㈫㈮㈯各條的相關材料，在鄉遂的組織系統中，對於人民的年齡，職業，健康狀況，及人民手上的一切財物，不厭其煩的每年層層調查登記，三年大比時，又有一次總結性的調查登記，這樣便把人民及其生活所資的，完全掌握在以內政寄軍令的組織手上，成爲征賦起役的主要手段。這在今天一般先進的自由民主國家，大概也不能做到他們所構想的完密。

在鄉遂這一調查登記征賦起役的完密組織系統中，又有本在組織系統之外的㈩㈫的「載師」，這是相當奇特的。鄭玄的解釋是：「載之言事也，事民而稅之……閭師縣師遺人均人官之長」(卷九)。鄉大夫以下，已有層層節制，何以又要此「官之長」？我以爲這是由過分重視財賦收入，便不惜分外添設官職。尤其是㈩所定的近郊、遠郊、甸稍縣都三級稅率，近輕而遠重。鄭注以「近者多役」作解釋，這是不能成立的。由㈥的役齡及身長之不同，分明是近者役輕，而遠者役重。尤其是此處之稅，若屬於天官九賦系統，則稅率應由天官或小宰乃至大府定下來。若不屬於九賦系統，則是九賦之外，又有地方稅，而成為二重稅制。這更是人民吃不消的。

天官冢宰除「九賦」之外，又有「以九貢致邦國之用。」而此處㈣的閭師，又有「任民」「責貢」之事。卽是任使人民做什麼職業，便責以貢何種實物，共計有八種。按閭師的地位是中士，這種低微的官職，何以有這樣大的權力？且大司徒的「以作民職」，卽是閭師的「任民」。大司徒的「頒職事十有二于邦國都鄙，使以登萬民。一曰稼穡，二曰樹藝……」，內容與閭師的八種「任民」，重點不同，大司徒的重點在「頒職」，而閭師的重點在「責貢」。但內容上大抵相同。若閭師係奉行大司徒的政令，何以使用不同的名言，而於十二職中又僅取其八？且此處之貢，與天官冢宰所定之九貢，到底是一是二？若是一，則何以九貢而此處僅有其八，且內容在大同中又有小異。九貢中無九穀之貢，因農民所納者為賦而非貢。僅從這一點看，也可推知閭師的任民責貢，並不是承冢宰九貢的系統而來，也可由此斷定其構想的不合理。

㈣是小司徒由土地的上中下三等所能養活的每家人數，以判定其所能應役的人數的。「凡起徒衆，毋過家一人」，這是決定其應征標準的。這應當是通鄉與遂而言。㈥是以身長及年齡定征役標準的。起役的年齡未有明白說明。舊漢儀「年五十六，老衰，乃得免爲庶民」；而此處國中六十，野六十五，皆在被征之列；可解釋爲舊漢儀所言者爲兵役，而此處所言者概括了一般的力役。總之，力役負擔較漢爲重。最奇怪的是，㈤的均人，又提出以年歲豐凶的上中下，定應役多少的標準。自王制提出用民之力，歲無過三日的標準後，已成爲儒家的共同信念與要求。但此處提「豐年則公旬用三日焉」，以旬爲計算單位來定標準，鄭玄覺得這未免太重了，於是釋旬爲均，並展轉爲此釋求證。但「均」爲周官所常用之詞，何以獨此處用通常作「十日」解的「旬」字？恐怕鄭氏的解釋，只能表示自己的良心，而不一定是作者的本意。

㈢的大司馬「凡令賦，以地與民制之」；鄭玄爲了避免與天官及地官在「令賦」職權上的衝突，所以釋此處的賦爲「給軍用者也」，這本是賦字從貝武會意的本義；而說文六下「賦，斂也」，乃後起之義。許愼因誤信周官爲古文，便不惜以後起之義爲本義。但由㈢的「其民可用者家三人……」等辭句看，則此處之賦，是指役而不是指「給軍用者也」的賦。此處按土地上中下所能養的各家人數以定應征的人數，與㈥的小司徒所定者相同。地官大司徒所起的徒役，常由夏官大司馬加以運用，這是可以理解的。但何以地官系統小司徒所主管的事，又由夏官大司馬來主管？且大司徒規定有「不易之地」；所謂「不易」，是指可以年年耕種，不必休養地力之地。此應相當於此處之所謂「上地」。「上地參之二」，鄭玄引「鄭司農的解釋是「假令一家有三頃，當種二頃，休其一頃。下地食者三之一，田薄惡者所休多」。由此推知此處的「中地食者半」（一半耕種，一半休耕），實等於大司徒所規定的「一易之地」，「下地」等於大司徒的「再易之地」。而此處的所謂「上地參之二」（三分之二耕種，三分之一休耕），在大司徒的土地分配制度中，毫無著落。這已經很奇怪。並且大司徒的「不易之地家百畝，一易之地家二百畝，再易之地家三百畝」，則是每家一年所耕種的都是百畝，這在數字上是很平均的。但大司馬下的土地制度，假定每家都是百畝，則分到上地的每年可耕六十三畝多一點；分到中地的每年可耕五十畝，分到下地的每年可耕三十三畝多一點。若按鄭司農的解釋，易「頃」爲畝，每家都分到三百畝，則分到上地的每年可耕二百畝，分到中地的每年可耕百五十畝。分到下地的每年可耕百畝。把作爲周官理想的「均」的觀念，完全推翻了。這正是成於衆手，程度參差，而又未得到統一整理的顯證之一。

前面已經說到天官冢宰的「九貢」，只要生產得出來的東西，都貢獻到了，再加上他們系統下面的專官的直接供奉。地官大司徒系統下由(十四)閭師的八種「任民」以責八種貢賦，更搜羅得非常完備了。但(十)甲的牧人，乙的牛人，還要作直接的供奉；這是屬於鄉的。屬於遂的㈨甲的旅師掌聚野之耡粟屋粟閒粟；乙的委人「掌歛野之賦歛薪芻凡疏材木材，凡畜聚之物……」，這很明顯地是在九貢以外的搜括。㈨的林衡、川衡、虞澤、迹人𠩆人，可以說把山林川澤的出產，都「爲之厲禁而守之」，有的供祭祀賓客，更多的是「以時入於玉府」，這大概是反映漢代「少府掌山澤陂池之稅，名曰禁錢，以給私養，別自爲藏」注一一八的情形。但漢司農與少府的財賦系統，在原則上劃分得很清楚；而周官的玉府，既從大府（相當於司農）把好的東西挑選去了，却又壟斷山林川澤的生產，再加上㈢中丁的掌染草，戊的掌炭，己的掌茶，庚的掌蜃，可以說把一切可以用得上的東西，都囊括無餘了。這較之當時所行的制度，更爲貪得無厭。在這種情形之下，則所謂「山澤之農」「山農」，僅能成爲林衡、川衡這批官吏們的傭奴，其窮困可以想見。但㈢中甲的角人，乙的羽人，丙的掌葛，依然向山澤之農山農徵用各種產物，這種無窮的剝削，不是「竭澤而漁」四字可以形容得了。而且大司馬系統下㈢的掌畜，要爲「祭祀共鳥卵」，要「歲時共鳥物，共膳獻之鳥」。秋官大司寇系統下的㈥「掌攻蟄獸」的穴氏，要「以時獻其珍異皮革」。「掌攻猛鳥」的翨氏，要「以時獻其羽翮」。這種想入非非的搜括，大概只有在近代最極權的國家才會出現。

十四　周官中的商業與商稅

以上的賦稅，實際都是以農民爲對象的。㈤的廛人，則是以商人爲對象。周官的作者，非常重視製作器物的工匠之事。但一切器物，皆由政府設官直接制作，所以社會上無自由活動之手工業者。雖司市有「在工者十有二」之語，與「在民」「在商」「在賈」並稱；只是連類而及之泛語。因之，工不成爲徵稅的對象。按戰國中期以後，即出現有大量的手工業者。周官中無自由手工業者的現象，乃受桑弘羊以鐵官壟斷民間農用器具的影響注一一九，這裡我們先可以通過有關資料，考查他們構想中的商業情態。

(甲)「司市掌市之治教政刑量度政令。以次（鄭注：「若今市亭」）敍（鄭注：「肆行列也」）分地而經市。以陳（鄭注：「猶列也」）肆辨（辨）物（鄭注：「物異肆」）而平市。以政令禁物靡而均市（鄭注：「易售而無用，禁之則市均」），以商賈阜貨而行布（泉），以量度成賈而徵（召）儥（買）。以質劑（鄭

注：「謂兩書一札而別之也」）結信而止訟。以賈民禁僞而除詐。以刑罰禁虣而去盜。以泉府同貨而斂賒。（鄭注：謂民貨不售則爲斂而買之。民無貨則賒貰而予之」。）」卷十四司市

由「以次敍分地而經市」起，是司市的九種職權。「以賈民禁僞而除詐」的鄭注是：「賈民，胥師賈師之屬。必以賈民爲之者，知物之情僞與實詐」。按史記平準書「除故鹽鐵家富者爲吏，吏道益雜不選而多賈人矣」，當爲此處構想的背景。平準書桑弘羊「乃請置大農部丞數十人，分部主郡國。各往往縣置均輸鹽鐵官，令遠方各以其物，貴（異）時商賈所轉販者爲賦，而相灌輸。置平準於京師，都受天下委輸。……盡籠天下之貨物，貴卽賣之，賤則買之」。賈疏釋質人（見後）「此質人若今市平準」。實則周官對商與市的整個構想，皆由桑弘羊的平準政策的精神而來，特經鹽鐵論的大辯論後，王莽劉歆們隱平準令的外形，而採其極力縮小商人活動範圍的實質。「以泉府同貨而斂賒」，卽平準書「貴卽賣之，賤則買之」的變形。

（乙）「大市日昃（昃）而市，百族（鄭注：鄭司農云百族、百姓也）爲主。朝市

朝時而市，商賈爲主。夕市夕時而市，販夫販婦爲主」。同上

市的時間、性質，劃分得很機械，但也反映出市場活動的概略情形。

（丙）「凡市入（按卽入市）則胥執鞭度（鄭注：「度謂殳也」）守門，市之羣吏平肆（鄭注：「平賣物者之行列使之正也」），展成（鄭注：「展之言整也，成平也，會平成市物者也」）奠（鄭注：「奠讀爲定」）賈。上旌於思次（鄭注：「思次若今市亭也」）以令市。市師（鄭注：「司市也」）涖焉而聽大治大訟。胥師賈師涖於介次（市亭之小者）而聽小治小訟。

（丁）「凡萬民之期（猶聚）於市者，辟布者，（鄭注：「鄭司農云辟布，辟訟泉物者也」）量度者，刑戮者，各於其處之敍。……凡通貨賄，以璽節出入之……市刑：小刑憲罰（鄭注：「鄭司農云播其肆也」）。中刑徇罰（鄭注：「舉以示其地之衆」），大刑扑罰。其附於刑者（犯罪而合五刑中的條款者）歸於士。……

同上

從上面的材料看，在他們的構想中，非常重視市場的秩序，而達到秩序的手段是威嚇。其他有關材料：

㈠「質人掌成（平）市之貨賄人民（鄭注：「奴婢也」）牛馬兵器珍異。凡賣儥者質劑（鄭注：「爲之券藏之也」）焉。大市以質，小市以劑。掌稽市之書契，同其度量，壹其淳（鄭注：「淳讀如淳尸盥之淳」）制，巡而考之，犯禁者舉而罰之」。卷十五質人

㈡廛人。（已見前錄㈤）

㈢「胥師各掌其次之政令而平其貨賄，憲刑禁焉。察其詐僞飾行儥慝者而誅罰之……」。卷十五胥師

㈣「賈師各掌其次之貨賄之治，辨其物而均平之，展其成而奠其賈，然後令市……」。同上賈師

㈤「司虣、掌憲市之禁令，禁其鬭囂與其虣亂者，出入相陵犯者，以屬遊飲食於市者。若不可禁，則搏而戮之。」同上司虣

㈥「司稽掌巡市而察其犯禁者與其不物者（鄭注：「不物，衣服視占，不與衆同，

及所操物不如品式」）而搏之，掌執市之盜賊以徇，且刑之」。同上司稽

(七)「胥各掌其所治之政，執鞭度而巡其前，掌其坐作出入之禁令，襲其不正者。凡有罪者撻戮而罰之」同上胥

(八)「肆長各長其肆之政令，陳其貨賄。名相近者相遠也」（鄭注：「鄭司農云，謂若珠玉之屬，俱名爲珠，俱名爲玉；而賈或百萬。或數萬。恐農夫愚民見欺，故別異令相遠，使賈人不得雜亂以欺人心」）實相近者相爾也，而平正之。斂其總布（鄭注：「杜子春云總當爲儳。」按說文八上「儳布乃儳互不齊之布」）」同上肆長

(九)「泉府掌以市之征布，斂市之不售，貨之滯於民用者，以其賈買之。物揭而書之，以待不時而買者（鄭注：「謂急求者也」）。買者各從其抵（鄭注：「抵實柢字，柢、本也。本謂所屬吏主有司是也」）。都鄙從其主，國人郊人從其有司。（鄭注：「鄭司農云，爲封符信，然後予之」）凡賒者，祭祀無過旬日，喪紀無過三月。凡民之貸者，與其有司辨而授之，以國服爲之息。（鄭注：「以其於國服事之稅爲息也……王莽時民貸以治產業者，但計贏所得受息，勿過歲什一。」凡國之財用取具焉，歲終則會其出入而納其餘」）」同上泉府

(十)「司門掌受管鍵，以啓閉國門，幾出入不物者。正（鄭注：「正讀爲征，征稅

也」）其貨賄。凡財物犯禁者舉之……」同上司門

(十一)「司關掌國貨之節（鄭注：「謂商本所發司市之璽節也」）以聯門市（鄭注：「自外來者則按其節而書其多少，通之國門，國門通之司市。自內出者司市爲之璽節，通之國門。國門通之關門。參相聯以檢猾商」）。司貨賄之出入者，掌其治禁與其征廛（鄭注：「征廛者貨賄之稅，與所止邸舍也……其出布如市之廛」）。凡貨不出於關者，舉（沒收）其貨，罰其人。凡所達貨賄者則以節傳出之……」同上司關

(十二)「掌節掌守邦節而辨其用……門關用符節。（鄭注：「如今宮中諸官詔符也」）貨賄用璽節。（鄭注：「今之印章也」）道路用旌節。（鄭注：「今使者所擁節是也」。皆有期以反節……無節者則幾，不達（鄭注：「圜土內之」）」。同上掌節

從上面(十)(十一)的材料看，這是以國中的一個市場爲藍本所構想出來的；而這個國中市場，可能卽是當時長安市場的影子。爲了運用、控制一個市場，直接管理的官吏，由司市起，竟有十二種之多。而(十二)的掌節，則只有一部分關係。由十二種官吏的職掌所反映出的商業活動的各種情態與弊端看，這只有在商業高度發展情形之下，才有其可能。(五)的司虣，已具備近代都市一般

警察的功能。㈥的司稽，㈦的胥，則是以一般警察而兼經濟警察。㈩的司門，尤其是㈡的司關，已具有近代「關務監督」的意義。若不是以高度發展的商業爲背景，便不能有這許多由防僞防詐而來的煩碎構想。但不僅沒有隨商業發展而必然產生的富商大賈的痕跡；並且由春秋末期已明顯出現的由市場價格所發生的物資供求調節作用，注一二〇的觀念，在周官所描述的市場中，亦隱而不見。此無他，王莽劉歆們欲襲桑弘羊的故智，雖未至由政府機能完全代替商人機能，但將商人的機能抑至最小限度，將政府控制的機能，擴大至最大限度，不知不覺地把貨物交易之地，視爲莠民菌集之場，事事爲之制，處處爲之防，此觀於司市(丙)項所述開市的排場，及由司市到㈠的質人，㈢的胥師，㈤的司虣，㈥的司稽，㈦的胥，㈩的司門，㈡的司關，都手握有當下行使刑罰之權；所以他們的控制是與刑罰結合在一起而不可分的。這與今日押解監獄囚犯在外面工作場工作時的氣氛，實沒有什麼大分別。而其目的，只是爲了搜括財賦，集中財富。一樣貨物，由運入市場，須繳三次稅。通關時，㈡的司關徵貨賄稅與止宿的邸舍稅。入國門時，由㈩的司門徵貨賄稅。進入市場時，由㈡的廛人斂市、絘布、總布、質布、罰布、廛布。據鄭注，絘布是「列肆之稅布」，即抽今日貨攤上所擺貨物的稅錢。總布是「無肆，立持者之稅。」一說是「守斗斛銓衡者之稅」。質布是「質人之所罰，犯質劑者之泉」。罰布是「犯市令者之泉」。廛布是「貨賄諸物邸舍之稅」。這已經夠了吧。

但「凡屠者斂其皮角筋骨，入於玉府」。再加上「凡珍異之有滯者斂而入於膳府」。鄭注引鄭司農謂「貨物沉滯於廛中不決，民待其直以給喪疾而不可售，買賤者也」。實則先鄭（鄭司農）後鄭（鄭玄），每於周官太不合理處，即爲曲說以爲解救。滯當與史記平準書「或蹛財役貧」之蹛字通，或作貯。珍異有滯者，即是發現有人貯藏珍異，即加以沒收之意。但(八)的肆長，還要「斂其總布」。這可謂集搜括的大成了。孟子曾說「昔者文王之治岐也，耕者九一……關市譏而不征，澤梁無禁」（梁惠王下），這代表了儒家的理想。又說「有布縷之征，粟米之征，力役之征。君子用其一，緩其二。用其二，而民有殍。用其三，而父子離」。（盡心下）這是儒家對現實的悲憫之心。總觀周官作者對農民商人重複而無孔不入的賦稅構想，與儒家精神眞是相隔天壤了。

史記卷七十五孟嘗君列傳「孟嘗君得出卽馳去；更封傳，變名姓以出關」。我懷疑在戰國時代，才有這種憑封傳過關的情形。孟子滕文公下「戴盈之曰，什一，去關市之征，今玆未能」，是關市有征稅的。但一九五七年十二月在安徽壽春所發現的「鄂君啓節」，則憑節所允許通過的水陸地點，可以不納稅注二二。當然鄂君啓可能是種特別身份。但一直到戰國末期，也決不曾出現像周官上的關、門、市、關連緊密，三重抽稅的。

由前面所錄的材料，對商人的控制限制，可謂無微不至。根據(五)(六)(七)，連市民的衣服視占(瞻)，坐作（起）出入，皆在規制控制之列。根據(九)，人民若買泉府從市場購的廉價品，還要由統治他們的官吏出「封符」爲他們作證明才可以買到手。若向泉府貸款，也要和統治他們的官吏加以辨別是否可行，才可以借得到。根據(十)，不出於關的貨物卽加以沒收。根據(十一)，「無節者則幾不達」，鄭注「圜土內（納）之」，卽是送進監獄裏。史記商君列傳「公子虔之徒，告商君欲反，發吏捕商君。商君亡，至關下，欲舍客舍，客舍人不知其是商君也。曰，商君之法，舍人無驗者（考證：印信傳引之類）坐之。商君喟然嘆曰，嗟呼，爲法之敝，一至此哉」。可知無驗不得住客舍，乃始於商鞅；然亦未至納於圜土。由此可知周官作者們所構想的，是較商鞅變法後的秦國法家之治，更沒有自由的社會。

總結的說，在周官的構想中，沒有自由的手工業者，沒有自由的商人及商業活動。他們所反映出的市場，正是桑弘羊政策的改頭換面的進一步的發展。

十五　周官中的刑罰制度

在周官作者構想中，人民只成爲納稅、服役、從軍的機器，這是違反人類要求生存與自由不可分的本能的。於是正如史記平準書所述，漢武的財經政策，乃建立於嚴刑峻罰的基礎之上。周官作者支持他們的內政寄軍令的組織，與通過組織以搜括財富的，也正是他們所構想的秋官大司寇的刑罰。

不過我們要注意到：周官作者雖受法家影響，但西漢自陸賈以降，凡是能卓然自立的儒生，都是反秦反法的。尤其是反對漢代所繼承的秦代刑法制度及「治獄之吏」注一三。所以王莽劉歆們尚刑之治，必考慮到這種積累將及兩百年的共同要求，將刑法的本質，盡可能的加以潤色掩飾。

首先從主管刑罰的秋官大司寇的官制結構看，大行人這一系列的官職，加上司儀等，在業務性質上，應當列到「典邦禮」的春官大宗伯下面去的。不列在大宗伯下面而列在大司寇下面，可能是因爲大司寇「凡朝覲會同前王」的關係，便把掌朝覲會同之禮的大行人小行人等列入。「小司寇掌外朝之政，以致萬民而詢焉……其位王南鄉……羣吏東面」的關係，便把司儀列入。更可能是因大宗伯下面加入了大司樂，內容已經很豐富；而大司寇系統下面的官職，若僅按性質排列，在分量上無法與前面的四官取得形式上的均衡，所以只好不考慮官職的性質問題，而將中大夫二人的大行人，下大夫四人的小行人，上士八人，中士十六人的司儀等移植到大司寇下面以湊數。不論如何，這一部份，只好置之於討論之外。

大司寇一篇，實受尚書呂刑影響，而又故意加以掩飾。如：

「大司寇之職，掌建邦之三典，以佐王刑邦國，詰四方。一曰刑新國用輕典，二曰刑平國用中典。三曰刑亂國用重典」卷三十四大司寇

上面的話，分明是由呂刑「輕重諸罰有權，刑罰世輕世重」出來的。但荀子正論篇對此的解釋，恰恰與周官相反。正論篇說「故治則刑重，亂則刑輕。犯治之罪故重，犯亂之罪故輕也。書曰，刑罰世輕世重，此之謂也」。荀子強調以禮救亂，所以主張與周官恰恰相反。實則，呂刑判刑的要求是「士制百姓於刑之中」；而他的所謂「世輕世重」，乃權衡於「五刑之疑有赦，五罰之疑有赦」，及「上刑適輕，下服；下刑適重，上服」之間；不可能是輕重異典。「刑亂國用重典」一語，被後世殘暴之君，殘酷之吏，所廣泛應用，流毒無窮。實則刑法必求統一，應僅有一典，而應用者僅在條文自身所具有的伸縮性上注一二三，以論輕重；豈有因輕重而有三套法典之理。

司刑掌五刑之法，以麗萬民之罪。墨罪五百，劓罪五百，宮罪五百，刖罪五百，殺

罪五百」卷三十六司刑

據尚書呂刑，五刑始於蚩尤注一二四，其來久遠，至呂刑而加以總結、整理，並出之以「非佞折獄，惟良折獄，罔非在中……哀敬折獄」的態度。司刑所掌的五刑，分明出於呂刑的「墨罰之屬千。劓罰之屬千，剕罰之屬五百，宮罰之屬三百，大辟之罰其屬二百。五刑之屬三千」。對於這種數字的異同，江聲尚書集注音疏謂「墨劓倍於其初（按江聲相信周官出於周公，所以把周官所定的稱爲「其初」），宮與大辟皆減焉，輕於周禮也。此穆王祥刑之意也」。這是說周官所定的刑，較呂刑爲重。其原因有二，一是大司寇中反映了漢代的刑法事實，所以先鄭後鄭，援漢事以爲解釋的，在此篇爲特多。最顯著的小宰「掌建邦之宮刑以治王宮之政令，凡宮之糾禁，」此乃以「張湯越宮律二十七篇」爲背景。「朝士掌建邦外朝之法」，則係以趙禹「朝律六篇」注一二五。爲背景。而篇中對復仇的規定，亦顯然以漢代對復仇多所原有爲背景。漢書卷二十三刑法志「律令凡三百五十九章；大辟四百九條，千八百八十二事。死罪決事比萬三千四百七十二事」。是王莽們寫秋官大司寇時的「殺罪」已遠超過呂刑「大辟之屬二百」之數；而他是贊成漢代刑法的。另一是他們喜歡玩弄「數字整齊」的方式，「五刑」的內容，便一起用「五」的數字敍述，他們覺得這樣才有意義。

秋官大司寇有關刑法思想的特性，大較有四。一是應用範圍之廣。二是程序之苛且繁。三是以組織推行刑罰，以刑罰推動組織。四在貫徹得周而且細，也和賦役制度樣，到了無孔不入之境地。由此四特性，而暴露出周官的政治思想，是法家刑治思想的擴大。這與王莽的性格，是很符合的注一二六。

所謂應用範圍的廣泛的事例是：

(一)冢宰「以八柄詔王馭羣臣……六曰奪（鄭注：「沒入家財」）以馭其貧。七曰廢以馭其罪。八曰誅以馭其過」卷二冢宰

(二)「三歲則大計羣吏之治而誅賞之」同上

(三)小宰「掌治法以考百官府羣都縣鄙之治，乘（猶計也）其財用之出入。凡失財用（鄭注「貨賄也」）物辟名（鄭注「詐爲書以空作見文書，與實不相應也」）者，以官刑詔冢宰而誅之」卷三小宰

(四)大司徒「因此五物者民之常而施十有二教焉……七曰以刑教中而民不虣……」卷十大司徒

(五)「以鄉八刑糾（鄭注：「糾猶割察也」）萬民。一曰不孝之刑。二曰不睦之刑。

三曰不嫺（鄭注：「嫺，親於外親」）之刑。四曰不弟（鄭注：「不弟不敬師長」）之刑。五曰不任（鄭注：「任信於朋友」）之刑。六曰不恤（鄭注：「恤，振憂貧者」）之刑。七曰造言（鄭注：「造言，訛言惑衆」）之刑。八曰亂民（鄭注：「亂民，亂民改作執左道以亂衆也」）之刑。」同上

㈥司救掌萬民之衺惡（鄭注：謂侮慢長老，語言無忌，而未麗於罪也」）過失而誅讓之，以禮防禁而救之。凡民之有衺惡者，三讓三罰（鄭注：「罰謂撻擊之也」），而士加明刑（鄭注：「加明刑者，去其冠飾，而書其衺惡之狀，著之背也」）恥諸嘉石，役諸司空。其有過失者，三讓而罰，三罰而歸於圜土……」卷十四司救

㈦調人掌司萬民之難（鄭注：「相與爲仇讎」）而諧和之。凡過而殺傷人者，以民成之（鄭注：「鄭司農云，謂立證佐成其罪也」）」同上調人

㈧「祭之日，執書以次位常，辨事者考焉。不信者誅之」卷二十六太史

㈨大司寇「以五刑糾萬民。一曰野刑，上功糾力（鄭注：「功，農功。力，勤也」）。二曰軍刑，上命（鄭注：「命，將命也」）糾守（鄭注：「守，不失部伍」）。三曰鄉刑，上德（鄭注：「德，六德也」）糾孝。四曰官刑，尚能糾職（鄭注：「職，職事修理」）。五曰國刑，上愿（鄭注：「愿，慤愼也」）糾暴（鄭注：

「暴當爲恭，字之誤也」）」卷三十四大司寇

(十)「以圜土（鄭注：「獄城也」）聚敎罷民。凡害人者寘之圜土而施職事焉，以明刑（鄭注：「明刑，書其罪惡於大方板，著其背」）恥之。（賈疏：「恥諸嘉石」）其能改過，反於中國（鄭注：「舍之還於故鄉里也。」），不齒三年。其不能改而出圜土者殺」同上

(十一)「以嘉石平罷民。凡萬民之有罪過而未麗於法，而害於州里者，桎梏而坐諸嘉石，役諸司空。重罪旬有三日坐，朞役。其次九日坐，九月役。其次七日坐，七月役。其次五日坐，五月役。其下罪三日坐，三月役。使州里任（保）之，則宥而舍之」同上

(十二)「掌士之八成。（鄭注：「行事有八篇，若今時決事比」）一曰邦詢。（鄭注：盜取國家密事，若今時刺探尚書事」），二曰邦賊。曰三邦諜。四曰犯邦令。五曰撟（詐）。六曰爲邦盜。七曰爲邦朋。八曰爲邦誣」卷三五士師

(一)(二)(三)(八)是說明周官作者是以誅賞來控制人臣，而誅重於賞，所以對臣對民，都特用一個「馭」字。朱駿聲說文通訓定聲御字下「尊者所勒御，如御牛馬然也」。這正得法家思想的

神髓。(九)的「以五刑糾萬民」的「五刑」，是由墨到殺的五刑以外的五刑。由此五刑所糾的，都是職業上及生活上的正常要求。這種正常要求，有的是各具系統，如「二曰軍刑」中的「將令部伍」，「四曰官刑」中的「以能力修理職事」。有的是各人自己的本分，如「一曰野刑」中的「農功勤力」。有的是家庭教育問題，社會風俗問題，如「三曰鄉刑」中的「六德」「孝弟」，「五曰國刑」中的愨愼恭敬；這都不是大司寇所應管的。有的僅應由教育機構而不應由行政機構來干預的。但王莽們却認爲這是大司寇所掌的刑的範圍以內的事。這與(四)(五)(六)(七)合在一起看，他們把刑伸入到人民生活中的每個角落中去了。西漢儒生總的努力方向是要以「敎化之官」，代替乃至減少「執法之吏」注一二七；而周官的作者則實際要以「執法之吏」，代替「敎化之官」。現代極權主義下的背著或掛著罪名示衆，以及羣衆公審的大虐政，早見於周官中的(六)(十)，卽其一例。他們以刑罰來支持財經政策，前面已經說到了。(土)把邦朋邦誣與邦賊邦諜等作同一的看待，由此而演爲朋黨之禍，言論之刑，其毒害何可勝數。(十)(土)兩項的「嘉石」之制，可以說是現代極權國家集中營的古典形態，是王莽們的大傑作。管子小匡有「罷士無伍，罷女無家」，注謂「罷謂乏於德義者」。(土)之所謂「罷民」，鄭玄以「民不愍（勉）作勞，有似於罷者」爲釋，則罷民當指游惰之民。(十)的「凡害人者」，及(土)的「凡萬民之有過而未麗於法，而害於州里者」，皆應指罷民中之行爲而言。

鄭玄以「害人謂爲邪惡已有過失，麗於法者」釋(十)的「害者」，實則若麗於法，則應以法處理。我認爲(十)的「害人者」，也和(十一)的「有過」而「害於州里者」，同是「未麗於法」的。把三項連在一起看，對罷民的處理，都要經過「坐諸嘉石」這一關。坐諸嘉石分爲三項，一是「寘之圜土」，二是背著寫上罪惡的大方版，「桎梏而坐諸嘉石」以示衆。三是坐諸嘉石已畢，「役之司空」。據(十一)，坐諸嘉石示衆的期限分「旬有三日」「九日」「七日」「五日」「三日」五等。坐嘉石的日數，卽是服勞役的月數。(九)則在上述三項之前，還要先加上三讓三罰，罰卽是「撻擊」；從圜土中逃出的便殺掉。很奇怪的是：作周官的人，並不以爲這種撻擊、坐牢、示衆，勞役，是正式的刑罰，因爲這些罪名爲他們的律條所未有，而是可以隨意加上去的。這和近代極權國家在政治鬭爭中的蹂躪人民的方式，以及集中營的殘暴情形，不知有何分別。逃出的便殺掉，大概只有納粹是如此。

人民訴訟程序的合理規定，也是對人民生存的一種保障。周官作者，在訴訟程序上定出非常苛繁的程序，實際是藉此爲斂財之資，使人民寧含寃抱屈而不敢輕言昭雪。如：

(一)「以兩造（鄭注：「使者兩至」）禁民訟。（鄭注：「訟謂以財貨相告者」）入束矢（鄭注：「束矢其百個與？」）於朝，然後聽之。」卷三十四大司寇

㈡以兩劑（鄭注：「劑，今券書也」）禁民獄（鄭注：「獄謂相告以罪名者」。）入鈞（鄭注：「三十斤曰鈞」）金三日，乃致於朝，然後聽之。」同上

㈢「以肺石（鄭注：「赤石也」）達窮民。凡遠近惸獨老幼之欲有復於上，而其長弗達者，立於肺石三日，士聽其辭，以告於上，而罪其長。」同上

鄭玄釋㈠的訟爲「以財貨相告者」，這是他感到一般人民告狀要先「入束矢於朝」爲不合理，所以對「訟」作這種特別解釋，以資補救。實則「訟，爭也，从言，公聲」注一二八，以財貨相告者固然是訟，非以財貨相告者也是訟。從上下文看，㈡才是「以財貨相告」。同時，即使㈠也是以財貨相告，有的是富人，出得起「矢百個」，但更多的是窮人，很難出矢百個。如此，則富人能打官司，窮人便不能打司官了。並且審訊時固然要「兩造」，但投訴時，多數僅是原告的一造；兩造同時投訴的，事實上是少而又少。現在以兩造及入束矢爲接受投訴的先決條件，這等於是拒絕了投訴。不是投訴的則大量關進獄城（圜室），投訴的又加以拒絕，不能不說是怪事。

鄭玄對㈡的「獄」字的解釋也難成立。獄是「相告以罪」，訟還不是「相告以罪」？所以此處的獄字，乃與訟字相互爲文。而兩劑之訟，到是「以財貨相告」。這一控訴的程序是

「使獄者各齎券書。既兩券書，使入鈞金。又三日，乃治之」。（鄭注：「重罪也」。）「兩劑」的情形，和上面所說的「兩造」的情形一樣，這是聽訟時的條件，不應是投訴時的必需條件。再加上「入鈞金」「乃致於朝」，此處的金，即使指的是銅，三十斤銅，也不是一般人所能負擔的。所以鄭玄加上「重罪也」三字，以彌補這種過分不合理的情形。但這三十斤金，並不是判決的罰金，而是作為授受投訴的先決條件；也與近代的保證金性質不同，保證金可以發還，而這是對朝廷的奉獻。獄還未判決，何以能預斷其為重罪？即使是重罪，也不能斷定投訴的人能奉獻三十斤金。這只能表示周官的作者，以漁利為唯一趨歸，所以特寫出這類想入非非的方法。

㊂的「窮民」中包括有「老幼」。要老幼者在肺石上站三天，才使「士聽其辭」，老者幼者縱然沒有站死，也磨折得半死不活了。這眞是一種虐政。

周公的「敬明乃罰」「義刑」「義殺」注二二九。呂刑的「祥刑」「愼刑」的精神，由儒家所傳承，周官的作者不能加以抹煞，因而不能不加以緣飾。但與他們的基本用心相反，所以一經他們緣飾，便成為空洞乃至否定了法律的平等精神。小司寇「以五聲聽獄訟，求民情。一曰辭聽。（鄭注：「觀其出言。不直則煩」）二曰色聽。（鄭注：「觀其顏色，不直則赧然」）三曰氣聽。（鄭注：「觀其氣息，不直則喘」）四曰耳聽。（鄭注：「觀其聽聆，不直則惑」）五曰目聽。（鄭注：「觀其眸子視，不直則眊然」）」（卷三五）。上面所說，有時或者可作某程度的補助手段。但僅憑這種直覺直感以「求民情」，未免太兒戲了。又「以三刺斷庶民獄訟之中。一曰訊羣臣。二曰訊羣吏。三曰訊萬民」。這彷彿很謹愼了，但事實上做得到嗎？訊問與案無關的羣臣羣吏萬民，對案情的了解，又有什麼幫助呢？還有「議親」「議故」「議賢」「議能」「議功」「議貴」「議勤」「議賓」的八議，以示用刑中的寬大。八議中議親議故議貴，可合而爲一。議賢議能，可合而爲一。議功議勤，可合而爲一。鄭注謂議賓之賓，「謂所不臣者，三恪二代之後與」？這實在是爲了湊數加上來的。所以八議實質上只有三議；先鄭正提出三個「若今時……」。周官作者以八議表示對刑法的寬大，實則所反映的是漢代專制與封建下用刑的情形。

所謂以組織推行刑罰，以刑罷推動組織，這是最具備現代極權國家的性格的。玆簡錄有關材料如下：

㈠鄉師「以國比之法……（已見前）……，掌其戒令糾禁，聽其獄訟」卷十一鄉師

㈡比長各長其比之治，五家相受相和親，有辠奇衺相及。徙於國中及郊，則從而授之。若徙於他，則爲之旌節而行之。若無授無節，則唯圜土內之（鄭注：「圜土者獄

城也。獄必圜者，規主仁。以仁心求其情。古之治獄，閔於出之」）卷十二比長

(三)遂人「……五家爲鄰，……（已見前）……，使各掌其政令刑禁……」「若起野役則令各帥其所治之民而至，以遂之大旗致之，其不用命者誅之。」卷十五遂人

(四)「遂師各掌其遂之政令禁戒，……（已見前）……作役時則聽其治訟」。「軍旅田獵平野民，掌其禁令，比敍其事而賞罰」卷十五遂師

(五)「遂大夫各掌其遂之政令……（已見前）……掌其政令戒禁，聽其治訟……」「凡爲邑者以四達戒其功事而誅賞廢興之」同上遂大夫

(六)「縣正掌其縣之政治徵比，……（已見前）……，掌其治訟，趨其稼事而賞罰之。若將用野民……則帥而至，治其政令。既役則稽功會事而誅賞」同上縣正

(七)「鄙師……以時數其衆庶而察其媺（美）惡而誅賞……」同上鄙師

(八)「酇長……凡歲時之戒令，皆聽之（鄭注：聽之，受而行之也）……」同上酇長

上面的材料，所以不避重複，重錄在此，意在說明大司徒所主管的以內政寄軍令的地方組織，各級既皆嚴行人口物資的登記，除了軍事上的要求外，還有刑禁刑罰上的要求。人民是完全在有組織的刑罰控制之下。每級組織的負責者，都有誅賞大權。照(二)的規

定，人民完全失去了居住遷徙的自由。鄭玄在周官注中所流露出的政治思想，依然是儒家以人民爲政治主體的思想注一三〇。但他被王莽劉歆們所愚，深信周官爲周公致太平之書。在(二)下他所作的注解，乃超出訓詁之外，暗示動輒將人民納入於圜土，必須出以悲憫之情。這裏實露出了他對這種情形的良心上的譴疚。

再回到秋官大司寇系統下加以考查，而先將有關資料簡錄如下：

(一)「小司寇孟冬祀司民（鄭注：星名），獻民數於王，王拜而受之……」卷三十五小司寇

(二)「正歲帥其屬而觀刑象，令以木鐸曰，不用法者，國有常刑。會羣士（鄭注：「羣士遂士以下」），乃宣（鄭注：「宣徧也」）布於四方憲（鄭注：「憲表也，謂縣之也」）刑禁……」同上

(三)「士師之職，掌國之五禁之法以左右刑罰……皆以木鐸徇之於朝，書而縣於門閭」。「正歲帥其屬而憲禁令于國及郊野」同上士師

(四)「掌鄉合州黨族閭比之鄰，與其人民之什伍……，以施刑罰慶賞」同上士師

(五)「鄉士掌國中。各掌其一鄉之民數而糾戒之，聽其獄訟……察其辭……獄訟成，

士師受中注一三一協日刑殺，肆之三日……」同上鄉士

(六)「遂士掌四郊。各掌其遂之民數而糾其戒令，聽其獄訟，察其辭……獄訟成，士師受中，協日就郊而刑殺，各於其遂，肆之三日……」同上遂士

(七)「縣士掌野。各掌其縣之民數，糾其戒令，而聽獄訟，察其辭……獄訟成，士師受中，協日刑戮，各就其縣。肆之三日。」同上縣士

(八)方士掌都家（鄭注：「都，王子弟及公卿之采地。家，大夫之采地」）聽其獄訟之辭……獄訟成，士師受中，書其刑殺之……」同上方士

(九)「訝士掌四方之獄訟，論罪刑於邦國……」同上訝士

(十)「司民掌登萬民之數，自生齒以上皆書於版，辨其國中與其都鄙及其郊野，異其男女，歲登（鄭注：上也）下（鄭注：猶去也）其死生（鄭注：「每歲更著生去死）。及三年大比，以萬民之數詔司寇……）」同上司民

(十一)「布憲掌憲邦之刑禁。正月之吉，執旌節以宣佈於四方，而憲（鄭注：「縣之也」））邦之刑禁，以詰四方邦國及其都鄙，達於四海……」卷三十六布憲

從大司寇小司寇，一直到由(三)到(六)，可以說是配合行政系統的刑法系統。而(八)(九)則是正常刑

法系統的補充。這中間最值得注意的有三點。第一點是既有與行政系統並行的刑法系統，何以行政系統又有刑罰的責任與權力。第二點是㈡㈢與㈩的正月布刑於天下的問題，這可以解釋爲使人民對刑罰能得到了解，以收預防的效果。但由此我們可以推想到，大司徒系統下的不厭其煩的「讀法」的內容，刑法必然佔有重要的地位；於是讀法更成爲人民精神上的經常壓力。鄭玄在布憲下注釋謂：「司寇正月布刑於天下，正歲又縣其書於象魏。布憲於司寇布刑，則以旌節出宣令之。於司寇縣書，則亦縣之於門閭及都鄙邦國。刑者王政所重，故屢丁寧焉」。又對「以詰四方邦國……」的「詰」，不作「責問」的通義性的解釋，而作毫無根據的「詰，謹也，使四方謹行之」的特殊解釋；這都表示鄭氏內心的難安，故爲此迂曲彌補之辭。第三點的情形，更爲嚴重。對人民物資的調查登記，是由大司徒系統下的官吏負責的；但大司寇系統下的㈠㈤㈥㈦㈩，又對萬民之數，作詳細的調查，並由司民專主其事，這在業務上無此必要，因爲並非人人都有獄訟。如有必要，也可從相當的行政系統調閱，爲什麼要有這一重複呢？這只有從㈣的士師的職掌得到說明。士師是大司寇系統下執法的實體；他的職掌通過「五禁」「五戒」「八成」及「荒辯之法」「移民，通財」「傳別約劑」祭祀、賓客、大喪、大師等，而伸入到政治的每個角落。㈣則說明士師掌握人民的整個組織，通過組織，使人民「相安相受」，「以比追胥之事，（鄭注：「追謂追寇也，胥讀如宿偦之胥，謂司搏盜賊也」）以施刑罰慶賞」。所以刑罰是通過組織實行，刑罰卽控制了組織。組織必須直接掌握人民，所以大司寇系統下，必須詳細地作人民的調查登記。通觀周官一書，人民組織係在三種系統下，作重疊式的控制。一是大司徒的系統，二是大司馬的系統，三是大司寇的系統。大司徒系統的控制是爲了賦役。大司馬系統的控制是爲了動員作戰，大司寇系統的控制是爲了通過刑罰以發揮前兩重控制的實效，以形成組織的動力。人民在三重控制之下的生活，正是封建法西斯專政下的生活。

賦役是無孔不入，刑罰也是無孔不入。有司約，「掌邦國及萬民之約劑」……鄭注：「此六約者，諸侯以下，至於民皆有焉」。有司盟，「盟萬民之犯命者」。這是爲了塡滿刑罰的隙縫。誓的內容具見於條狼氏，是非常奇特嚴酷的。有職金，「入其金錫于爲兵器之府；入其玉丹青石於守藏之府。……掌受士之金罰貨罰，入於司兵」。有司厲，「掌盜賊之任器貨賄之入於司兵。其奴，男子入於罪隸，女子入於舂槀」。這兩項是補大司徒系統賦稅搜括之所不及。有禁殺戮，「凡傷人見血而不以告者，攘（鄭注：「攘猶却也」）獄者遏訟者，以告而誅之」。有禁暴氏，「掌禁庶民之亂暴力正（鄭注：「以力強得正也」）者，撟誣犯禁者，作言語而不信者，以告而誅之」。有野廬氏「掌達國道路」。「若有賓客……有相翔者（鄭注：「觀伺者也」）誅之。」「禁野之橫行徑踰者」。有雍氏，「禁山之爲苑，澤之沈者（鄭注：「鄭司農云，謂毒魚及水蟲之屬」）」。有萍氏「幾酒（鄭注：「苛察沽買過多及非時者」），謹酒（鄭注：「使民節用酒」）。禁民川游者」。有司寤氏，「禦（鄭注：「謂遏止之」）晨行者，禁宵行者，夜遊者」。有銜枚氏，「禁謼呼嘆嗚於國中者，行歌哭於國中之道者」。此外更有冥（音覓）氏「爲阱擭以攻猛獸」。庶氏「掌除毒蠱」。「穴氏掌攻蟄獸」。「翨氏掌攻猛鳥」。「柞氏掌攻草木及林麓」。「薙氏掌殺草」。「硩蔟氏掌覆夭鳥之巢」。翦氏「掌除蠹物」。赤犮氏「掌射國中之夭鳥」。這些繁瑣奇特的官職，都設在大司寇系統之下，大概是表明他們的刑治，已達到鳥獸蟲魚草木之上。「無孔不入」四字，眞可當之無愧。而這類繁瑣奇特官職的出現，實反映出他們所構畫的國有制的影子。他們以賦役尚不夠滿足統治的野心，必將一切國有化，統治才算徹底。

十六　周官中的敎化（敎育）思想

1. 萬民的敎化

現在對周官中的敎化思想，應加以考查。在敎化中常含有社會政策的意義。

周官中的教化思想，可分爲兩個層級。一是對貴族子弟的教化，這是教化的重點。一是對六鄉的「萬民」的教化。很奇特的是：周官作者稱六遂之民爲甿，鄭注對甿的注釋是「變民稱甿，異外內也。甿猶懵懵無知貌也」（卷十五遂人「凡治野，以下劑致甿」下注。）六遂之民除讀法、納稅服役外，更無教化設施。茲先將對六鄉之萬民的教化有關材料錄下：

(一)「以八統詔王馭萬民。一曰親親。二曰敬故。三曰進賢。四曰使能。五曰保庸。六曰尊貴。七曰達吏。（鄭注：「達吏察舉勤勞之小吏也」）。八曰禮賓」卷二冢宰

(二)「乃立地官司徒，使率其屬而掌邦教，以佐王安邦國」卷九地官司徒

(三)「因此五物者（按指「以土會之法，辨五地之物生」）民之常而施十有二教焉。一曰以祀禮教敬，則民不苟。二曰以陽禮（鄭注：「謂鄉射飲酒之禮」）教讓，則民不爭。三曰以陰禮（鄭注：「謂男女之禮」）教親，則民不怨。四曰以樂禮教和，則民不乖。五曰以儀（鄭注：「謂君南面臣北面，父坐子伏之屬」）辨等，則民不越。六曰以俗（鄭注：「謂土地所生習也」）教安，則民不偷。（鄭注：「偷謂朝不謀夕」）七曰以刑教中，則民不虣。八曰以誓教恤（鄭注：「恤

謂災危相憂」），則民不怠。九曰以度（鄭注：「謂宮室車服之制」）教節，則民知足。十曰以世事（鄭注：「謂士農工商之事」）教能，則民不失職。十有一曰以賢制爵，則民愼德。十有二曰以庸（功）制祿，則民興功」。卷十大司徒

㈣「以保息（鄭注：「謂安之使休息」）六養萬民。一曰慈幼，二曰養老，三曰振窮，四曰恤貧，五曰寬疾，六曰安富」同上

㈤「以本俗六安萬民。一曰媺（美）宮室。二曰族（鄭注：「猶類也」）墳墓。三曰聯（鄭注：「猶合也」）兄弟。四曰聯師儒。五曰聯朋友。六曰同衣服。」同上

㈥「令五家爲比，使之相保。五比爲閭，使之相受。四閭爲族，使之相葬。五族爲黨，使之相救。五黨爲州，使之相賙。五州爲鄉，使之相賓。」同上

㈦以鄉三物教萬民而賓興之。一曰六德，知仁聖義忠和。二曰六行，孝友睦（鄭注：「親於九族」）婣任（鄭注：信於朋友）恤。三曰六藝，禮樂射御書數。」同上

㈧「以五禮防萬民之僞而教之中。以六樂防萬民之情而教之和。」同上

㈨「鄉大夫三年則大比。考其德行道藝而興賢者能者。鄉老及鄉大夫帥其吏與其衆寡（庶）以禮禮賓之。厥明（鄭注：「其賓之明日」），鄉老及鄉大夫羣吏獻賢

能之書於王，王再拜受之，登於天府，內史貳之。退而以鄉射之禮五物詢衆庶，一曰和，二曰容，三曰主皮，四曰和容，五曰興舞。此謂使民興賢，出使長之。使民興能，入使治之」。卷十二鄉大夫

(十)「國索鬼神而祭祀，則以禮屬民而飲酒於序，以正齒位……」同上

由上引材料，可以得出如下的若干結論。

第一，王莽劉歆們生當董仲舒思想在儒家思想中取得支配地位的時代，而王莽又想托儒家思想根源之一的周公以奪取權位，則他對儒家的政治思想是以教化爲主，並經董仲舒所特別提倡的教化問題，在周官中不能不提到。但我們應首先注意的，試把周官中的教化項目，與賦稅及刑罰項目，加以比較，則周官作者的重點是在賦役刑罰而不在教化，立刻可以得到很清楚的印象。

第二，表現在周官中的教化思想，由政治設施所發生的對人民的教化作用，有如(一)(三)(四)(五)(九)(十)所規定的內容，其分量遠超過由統治者的生活行爲所直接對人民加以教化的分量。統治者的生活行爲，對人民可以發生教化作用，這是儒家所肯定，所重視的。即是由孔子起，所提倡的「身教」，是要求統治者，對人民的要求，先在自己生活和自己家族中實現；這便直

接指向到統治者自身的人格問題。沒有眞誠人格在後面的政治設施，尤其是所謂禮樂這一類的設施，常流於點綴性乃至流於形式主義的虛僞。所以從周初以迄西漢，主要的政治思想，必然包含有統治者的人格問題在裏面。但通過一部周官，却沒有接觸到卽使在現代還有重大意義的統治者的人格問題，於是點綴性形式化的政治設施，對人民敎化所能發生的效力，便微乎其微。周官作者的精神集中在財賦、刑罰之上，這便說明與敎化有關的政治設施，有的只是爲統治者自身著想，如㈠的「保庸」「尊貴」「達吏」「禮賓」，㈤的「媺言室」，對人民有何關係。有的則一開始便是爲了湊數湊上去的，有如㈢中的「陽禮」「陰禮」「樂禮」的名目，可能是周官所特有，本無意義可言。逼得鄭玄不能不曲爲之解。

第三，因爲周官作者的眞正用心不在敎化，許多只是爲了粧點門面，隨意敷演湊數而來，所以卽使深信不疑的鄭玄，在注釋中雖盡可能爲它迴護，但有時依然也迴護不了；在㈨的「退而以鄉射之禮五物詢衆庶」下注謂「庶民無射禮。因田獵分禽，則有主皮。主皮者，張皮射之，無侯也。主皮、和容、與舞，則六藝之射與禮樂與（歟）？當射之時，民必觀焉，因詢之也」。鄭注是說明兩點；第一點是說明此處不應有「鄉射之禮」。第二點是說明鄉射之禮亦不應主皮。然後再轉一個大圈子來迴護，而畢竟與本文不相應，可知這完全是隨意胡謅的。又㈩屬於黨正的「則以禮屬民而飮酒於序」，鄭注謂「黨正飮酒禮亡。此事（正齒位之事）屬於鄉飲酒之義，微失少矣」。假定鄭玄眞正認爲原有黨正之禮，至其作注時而亡失，何以又認爲將「正齒位」之事，屬於鄉飲酒而微失少？這也是要爲它回護而畢竟回護不了的。

第四，㈦及㈧，到是直接對「萬民」的敎化。鄉三物的「六德」，「六行」，「六藝」，比孟子所說的「敎以人倫」，「皆所以明人倫也」的規模濶大而完備。但缺少了孟子所說的「設爲庠序學校以敎之」的敎化機構注一三三。㈤有「聯師儒」的話，但儒的地位如何，在本書並無下落。而師則是專司貴族子弟的敎化的。禮可以敎人之行爲能得其中，樂可以敎人之性情能得其和，這是有根據而且也是合理的。但這都是就禮樂的精神以及可見於日常生活中者以爲言。其在㈧中要以吉凶軍賓嘉的五禮來防萬民之僞，則孔子未爲魯大夫以前，也難見五禮之全，萬民能見到的機會更少；卽使見到了，對於與自己生活懸隔的文飾儀節，可能嚇得目瞪口呆，如何可以發生防僞的作用。至於「雲門咸池大韶大夏大濩大武」的六代之樂，連士大夫也難得一遇，萬民更何由而得一聞的機會。我之所以作此分析，無非想指出周官作者所講的多是一場大話空話。

第五，㈥的地方行政組織系統中的規定，從好的方面說，可認爲寓敎化於組織之中。但孟子是把「出入相友，守望相助，疾病相扶持，則百姓親睦」的敎化上的效果，與井田制度結合在一起的注一三三。也卽是與生產關係結合在一起的。周官也行的是井田制度。把敎化上的效果不與井田結合在一起，而與行政組織連結在一起，兩相比較，是何者較有實際意義？何況周官的地方組織，本是以內政寄政令的組織。

第六，㈨的「三年則大比，考其德行道藝，而興賢者能者」，這正如鄭司農「若今舉孝廉」「若今舉茂才」的注釋，可以推測這是西漢選舉賢良文學孝廉方正的反映。但王制把由鄉所選論的「秀士」，升至司徒曰「選士」。「司徒論選士之秀者，而升之學曰俊士」；升於學以後「曰造士」。「大樂正論造士之秀者以告於王而升諸司馬曰進士」。司馬「論進士之賢者以告於王而定其論。論定然後官之，任官然後爵之」。王制所說的也是一種構想。試將兩種構想加以比較，則周官的構想遠不及王制所構想的周密而含有實現的可能性。所以王制的構想，影響到由漢武起的博士弟子員的制度，尤其是影響到唐代起的科舉制度；而周官所構想的既沒有推選的歷程，又沒有特別給以敎育的機會，更沒有如何選用的明文，似乎把「鄉老及鄉大夫羣吏獻賢能之書（名册）於王」，連大司徒小司徒也不經過，「王再拜而受之，登於天府」以後，就算了事。至於如何把名册上的賢能，「出使長之」「入使治之」，更無一字作實際的規定。於是㈨的興賢興能，也只落得一場疏濶的大話廢話。遂則僅在遂大夫下有「三年大比則率其吏」「興甿」的無頭無尾的一句話。

第七，應特別注意到在「掌邦教」的大司徒系統下，沒有反映出學校制度的存在；鄉的空洞地教化規定，沒有貫徹到遂；而鄉的教化，也不似王制樣，可以與貴族的學校教育相通注一三四。於是司徒「掌邦教」，對鄉遂而言，都無實際意義。其有實際意義而一直貫徹下去的，則是前面已經指出過的各層組織的讀法系統。所以我認爲王莽們眞正要求的還是「以吏爲師」。

人臣乃至人民對其他統治者的諫爭，自周初以來，在事實上，在理論上，都認爲是政治中的大事。漢從文帝起，提倡「直言極諫」，但沒有諫大夫。周官大司徒系統下，設有司諫一職；但諫的對象不是王，及其他統治者，而是「掌糾萬民之德而勸之朋友，正其行而強之道藝，巡問而觀察之……」。這也難怪，他們構想的官制，是與天道相合的官制；官制中的官，自然是與天合德的人物，安能容許下對上的諫爭觀念呢？

2.貴族的教化

現在再考查他們對貴族子弟教育的構想。先將有關材料錄下：

(一)大（冢）宰「以九兩繫邦國之民……三曰師（鄭注：「謂諸侯師氏」）以賢得民。四曰儒（鄭注：「儒，諸侯保氏」）以道得民……」。卷二大（冢）宰

(二)「師氏掌以媺詔王。以三德教國子。一曰至德以爲道本。二曰敏德以爲行本。三曰孝德以知逆惡。教三行，一曰孝行以親父母。二曰友行以尊賢良。三曰順行以事師長。掌國中失（鄭注：「中、中禮者也。失、失禮者也」）之事以教國子。凡國之貴遊子弟（鄭注：「王公之子弟」）學焉。……使其屬率四夷之隸，以其兵服，守王之門外且蹕。朝在野外，則守內列」卷十四師氏

(三)保氏掌諫王惡。而教國子以道，乃教之六藝：一曰五禮。二曰六樂。三曰五射。四曰五馭。五曰六書。六曰九數。乃教之六儀：一曰祭祀之容。二曰賓客之容。三曰朝廷之容。四曰喪祀之容。五曰軍旅之容。六曰車馬之容……使其屬守王闈」。同上保氏

(四)大司樂掌成均之法，以治建國之學政而合國之子弟焉（鄭注：「國之子弟，公卿大夫之子弟。當學者謂之國子」）。凡有道者有德者使敎焉。死則以爲樂祖，祭於瞽宗。以樂德敎國子，中和祗庸孝友。以樂語敎國子、興、道（鄭注：「道讀曰導，導者言古以剴今也」）諷（鄭注：「倍文曰諷」）誦（鄭注：以聲節之曰

誦」）言（鄭注：「發端曰言」）語（鄭注：「答述曰語」）。以樂舞教國子。舞雲門大卷大咸大磬大夏大濩大武。……」卷二十二

㈤「樂師掌國學之政，以教國子小舞……教樂儀，行以肆夏，趨以采薺。（鄭注：「肆夏采薺，皆樂名」）車亦如之。環拜以鍾鼓爲節……」卷二十三樂師

㈥「大胥掌學士之版，以待致諸子。春入學，舍采合舞。秋頒學合聲……」同上大胥

㈦「小胥掌學士之徵令而比（鄭注：「比猶校也」）之。饋（鄭注：「謂罰爵」）其不敬者。巡舞列而撻其怠慢者……」同上小胥

㈧大師「教六詩、曰風、曰賦、曰比、曰興、曰雅、曰頌。以六德爲之本，以六律爲之音……」同上大師

上面的材料，屬於三個系統。㈠是天官冢宰對師儒性格的陳述，而師儒是對教化直接負責的。這算是一個總綱。此後㈡㈢是屬地官大司徒的系統。㈣至㈧是屬於春官大宗伯的系統。

首先應指出：㈠所提出的師儒的性格，是周官作者所特別賦予的性格，在歷史上沒有根據注一三五。㈠中對師儒的職能，實含有顯著的矛盾。因爲師儒並稱，師是大司徒系統下的中大夫的官職，則儒亦應是官職。但此後除了大司徒中有「聯師儒」一語外，並無儒的官職，

又無儒在敎化中的作用，則所謂「儒以道得民」者，毫無著落。其次，師儒都是「得民」，後文不僅儒無著落，而㈡的師氏亦僅與貴族的國子及王發生關係，並未與民發生關係，對其所謂「得民」者，究指的是什麼？鄭玄注意到上述矛盾，並在注中加以回護地說「師、諸侯師氏，有德行以敎民者。儒、諸侯保氏，有六藝以敎民者」。他把儒解釋爲㈢所說的保氏，使儒在官職中有了著落；但著落得太牽強了。師保的名稱，周初已經流行。師保連稱已見於春秋時代。而儒字則由孔子時代才開始流行。儒字的地位，在古代遠不及保字地位的顯赫。大司徒系統下分明有師氏保氏的官職，官職的名稱，是不可隨便通假的。若儒卽是保氏，則在冢宰系統下旣稱爲儒，在司徒系統下卽不應稱爲保。鄭氏何以把師保儒都解釋爲諸侯之官呢？諸侯卽暗示係六鄉系統的官。這並非因師氏保氏的官，係列在鄉大夫系統之後；而是爲了對「得民」的「民」字找着落。只有師氏保氏係屬於鄉大夫系統，在鄉主管敎化，才是以「萬民」爲對象而可稱爲「得民」。但㈡的師氏，㈢的保氏，不僅明白規定他們敎化的是「國子」而不是「萬民」。並且都有「守王之門」「守王闈」的任務，這便證明他們是直屬於大司徒的朝廷命官，而決不是諸侯之官。周官成於衆人之手，又並非以歷史實踐的材料爲根據，這種「招前不顧後」的情形，是常見的現象。

第二，要指出的：㈡的師氏是中大夫，㈢的保氏是下大夫；師的地位比保爲高，但周初保的地位，却在師的地位之上注一三六。其次，師保本是爲教化人君及太子而設的，即是與王有密切關係。㈡的師氏「以媺詔王」，「守王之門」，及㈢的保氏「掌諫王惡」「守王闈」，只能說保存了一點古代師保與王有密切關係的痕跡；但他們在王面前的分量已減輕了很多。又其次，由周初一直到賈誼新書的保傅篇，師保沒有負「國子」教化責任的跡象。禮記文王世子「入則有保，出則有師，是以教喻而德成也。師也者教之以事而喻諸德者也。保也者，愼其身以輔翼之而歸諸道者也。記曰，虞夏商周有師保，有疑丞」。這裏所說的師保，也是以王的世子爲對象的。周官師氏保氏負國子教化的責任，是新出現的構想，且與㈣㈤等項有重複，有混淆的。

第三要指出的：從㈡到㈧，都受有禮記文王世子的影響，尤以㈣㈤㈥㈦爲最明顯。鄭玄對文王世子「小樂正學干。大胥贊之，籥師學戈，籥師丞贊之」一段，及「大樂正學舞干戚、語說，命乞言，皆大樂正授數，大司成論說在東序」一段，皆引周官此處的材料以作解說的根據。周官沒有大司成的名稱，他解爲「司徒之屬師氏也」；這即說明鄭氏已注意到周官與文王世子的關係。並且除前面引過的師、保、小樂正，大胥、胥等名稱外，學士、瞽宗、大樂正、大合樂、諸子，成均等名稱，皆爲兩方所共有。而㈣的「以樂語教國子——興、道、語、諷、言、語」的「樂語」，我懷疑即是由文王世子中的「合說」「語說」「論說」「以待又語」等名詞附會出來的。㈡㈢的「守王之門」「守王闈」等，是從文王世子中的「守於公宮」，「守大廟」等觀念附會出來的。但我已經指明過，王莽們是存心創制，而不要因襲。所以凡經他們所援據到的材料，必加以改編改變，以形成他們心目中所要求的系統。文王世子可能是受賈誼新書的影響而綴輯以成的。孔穎達將全編分爲五節，其中所含材料有遲有早，至爲顯然。例如中間引「記曰」，西漢人引大小戴記率稱爲「記曰」，此「記曰」雖一時找不出它的根據，但其屬於大小戴記一類的性質，則無可疑。王莽們將此編加以改編並改變的結果，在形式上，此編雜亂而周官較有條理。但在內容上，文王世子中的材料較爲近古，而其中的議論則間有切義。周官中的材料，則愈改而與古愈遠，且義多膚濶。

第四要指出的：從㈡到㈧，都是以國子爲對象的敎化工作。並且假使揭穿它的數字排列所佈的烟幕而分析其實質，則㈡㈢與從㈤到㈧的內容，也沒有眞正的差異。例如㈡「三德」「三行」，與㈣的「有道有德」及「樂德」的「中和祇庸孝友」，有什麼分別？㈢的「五禮」「六樂」「六儀」，又爲什麼不可以概括從㈣到㈧的內容？但周官的作者，爲什麼把㈡㈢置於地官大司徒系統之下，而將㈣到㈧分置於春官大宗伯的系統呢？我以爲是因爲尚書舜典已有舜命契作司徒「敬敷五典」的說法，所以周官的作者有「乃立地官司徒，使率其屬而掌邦敎」，以承舜典之緒。於是特把師氏保氏的官職，安置於大司徒系統之下，以與「掌邦敎」

相應。但對「大司徒之職」，作進一步的規定時，則是「掌建邦之土地之圖與其人民之數，以佐王安擾邦國」。於是實際掌管的重點乃在土地的規劃，人民物業的登記，及以內政寄令的組織，而歸結於通過組織以起役徵賦，致使大司徒系統下的敎化設施，成爲點綴性質；不僅敎化萬民沒有專官，沒有學校；卽敎化國子的，雖有專官，也沒有學校。

我國古代敎育，大概是由音樂發端；而大樂正這類的官，大概是附帶負敎化貴族子弟之責；這一大傳統，王莽們不能抹煞。春官宗伯是「掌邦禮」的，禮與樂不可分。且樂的興起，遠在禮之前；所以在「春官宗伯」下的「大司樂」，便不能不接上古代以樂官主敎化的大傳統。周官作者，要槪括兩個傳統，便把同一性質的敎化責任，分置於兩個不同的系統，而不能不忍受由重複而來的混亂，由混亂而來的空洞化。

第五，我應就他們所提出的敎化內容，作若干具體的考查。

甲：鄉大夫對萬民的敎化，擧出了「六德」「六行」「六藝」。此處的六藝則安排在㈢的保氏主管。敎萬民的「知仁聖義忠和」的「六德」，在敎國子時則成爲㈡的「至德」「敏德」「孝德」的「三德」。敎萬民的孝友睦婣任恤的「六行」，在敎國子時則成爲「孝行」「友行」「順行」的「三行」，這種降昇損益之數，有什麼道理可講嗎？我覺得沒有什麼道理可講，只是一用「六」的數字來湊數，一用「三」的數字來湊數。兩相比較，此處的三德三行，較鄉大夫的六德六行，更爲空洞膚泛，無實際意義。㈡的三德中的「至德」，鄭玄引孔子「中庸之爲德，其至矣乎」爲解，是鄭氏認爲至德卽是中庸。但中庸的三達德是知仁勇注一三七恐怕與此處的至德不相應。

乙：以禮樂射馭書數爲六藝，乃周官出現以前所未有。古代之所謂藝是藝能，論語的「游於藝」，「吾不試，故藝」，及「吾少賤也故多能」，藝與能是相通的。把禮樂射御書數稱爲藝，固無不可。但戰國末期出現「六藝」一詞以後，皆指詩書禮樂易春秋而言，更無例外。王莽們暗示周官出於周公，則書中的一部分，易的十翼及春秋，皆爲周公時所未有，他們不能使用；而六藝一詞，有顯赫的地位，他們又不願放棄；於是改以禮樂射御書數爲六藝，這是他們舊瓶裝新酒式的創造。書卽是寫字，先秦政府與民間的敎育工作，必然從學寫字開始；但在敎育歷程中，沒有給與以特別重要地位。到漢始特爲重視，並見之於律令，作嚴格的要求注一三八，將「書」提高到與禮樂同等的地位，此正西漢特別重視書的反映。鄭玄以九章算術釋處此的九數，是不錯的。劉徽九章算術注序謂「周公制禮，而有九數（按卽指此處之九數），九數之流，則九章是矣……蒼（張蒼）等因舊文之遺缺，各稱刪補」，這是以九章算術乃由此處之九數流演而出，（其顚倒自明）又經張蒼們的刪補。但正如四庫提要所述，「書內有長安上林之名。上林苑在武帝時，蒼在漢初，何緣預載。知述是書者在西漢中葉以後矣」。由此亦可斷言九數之列入，必出於莽歆之手。射御與禮樂有關連，但先秦典籍，決無將射御與禮樂平列之事。當孔子說「居何執？執射乎，執御乎，吾執馭矣」注一三九乃是一種謙辭。孔子未嘗輕視射御，但在教人時，只是「以詩書禮樂教」注一四〇。把射御書數與禮樂並列，這也是王莽劉歆們的創意，不是儒家的傳統。但這並不是說他們這樣做便沒有意義，這樣做是提高技能在教化中，亦卽是在文化中的地位，可以說是非常有意義的；不過從思想史的立場來說，不應當把此事推到他們的時代以前去。

禮可以概括儀，儀不能概括禮。㈢的六藝中旣有禮樂，而又另立「六儀」，正是毫無意義的繁複。而所謂六儀卽是六容，可斷定是出自賈誼新書容經的。新書容經「有朝廷之容」「祭祀之容」「軍旅之容」「喪紀之容」，與此處的名稱完全相同，而次序略有不同。容經有「坐車之容」「立車之容」，此處將兩者合稱爲「車馬之容」，另加一「賓客之容」以成「六儀」之六的數字。新書容經對於各容皆有具體描述，另還有日常起居之容；此處則完全空洞化。

綜上甲乙兩項所述，師氏保氏的內容，必以王莽劉歆們爲上限，且係敷衍成文，有形式而無眞正意義。

周官作者在總敘春官宗伯的職守時是「使率其屬而掌邦禮，以佐王和邦國」(卷十七)。禮是在人與人與事的關係上建立合禮的秩序，由這種秩序而達到互相諧和，這是由春秋時代起，經過戰國以迄西漢初年，禮在發展中所特別顯出的人文的意義。在規定「大宗伯之職」時，是「掌建邦之天神人鬼地示之禮，以佐王建保邦國」（卷十八）時，則把禮的重點轉回到禮本是起於祭神的宗教意義之上，這是王莽承武帝「尤好鬼神之祀」注一四一之後，再加以讖緯之說大行，養成他「好怪」注一四二，「宗（崇）鬼神淫祀」注一四三的性格的反映。他們在「邦國之鬼神示」中，有「以疈辜祭四方百物」，這便說明了王莽末年，何以會「至諸小鬼神凡千七百所」注一四四。站在此一立場，禮沒有由孔子以降所強調的教化的意義。書舜典「修五禮」，皋陶謨的「天秩有禮，自我五禮有庸哉」，皆指公侯伯子男五等爵的五禮而言。我曾推測，書的堯典舜典皋陶謨等，乃由西周史官根據傳說所整理而成注一四五，則史官整理時用上了西周時五等爵之禮的觀念，不足爲怪。馬融以「吉凶賓軍嘉」釋舜典的五禮，這是因他堅信周官出於周公所誤。鄭玄釋皋陶謨中的五禮時，則認爲是「天子也諸侯也卿大夫也士也庶民也」，因爲在皋陶謨所說的禮的內容上，不能說成是吉凶賓軍嘉的五禮。以吉凶賓軍嘉五個名稱概括禮的內容，這是出於王莽劉歆們對傳統中極爲繁複的禮，作了歸納性的整理後所提出來的。五禮的系列，爲周官出現以前所未有。姚姬傳謂「任宏以司馬法百五十篇入兵權謀，班固出之以入禮經」注一四六，按即指漢書藝文志六藝略禮家中的「軍禮司馬法百五十五篇」而言。此蓋班氏深信周官五禮之說，所以特別將司馬法從兵書略的兵權謀中抽出，列入禮家以實五禮中的軍禮。但周官中軍禮的內容有五：「大師之禮，用衆也。大均（鄭注：「均其地政地守地職之賦」）之禮，恤衆也。大田之禮，簡衆也。大役之禮，任衆也。大封之禮（鄭注：「正封疆溝塗之固」）合衆也」；此五禮既非司馬法所能該，而漢書藝文志中，除司馬法外，更無軍禮。儀禮分爲冠禮、昏禮、相見禮、鄉飲酒禮、鄉射禮、燕禮、大射禮、聘禮、公食大夫禮、覲禮、喪服、士喪禮、既夕禮、士虞禮、特牲饋食禮，少牢饋食禮、有司等十七種。而劉向對禮記四十九篇所作的分類爲：制度、通論、明堂陰陽、喪服、世子法、祭祀、子法、樂記、吉事九種注一四七，此時五禮的分類尚未出現。五禮分類的出現，或可視爲對禮的條理是一種進步；但不可因此而引起時代上的錯誤，更應了解周官作者因特別重視形式上的要求而來的誇張傅會，誤以爲所錄係古代的事實，有如凶禮中的所謂禬禮、軍禮中的大均、大封之禮，嘉禮中的脤膰之禮，賀慶之禮等類。並且祭祀喪葬昏冠飲食諸禮的意義，禮記中作了各方面的發揮，較此處所敷衍的，有親切與膚泛之不同。五禮中既有賓禮，又於嘉禮中說「以饗燕之禮親四方之賓客」。這是顯然的重複。周官中的禮官，沒有負敎化上的責任，而禮記的王制及文王世子，負敎化責任的都是樂官注一四八，這大概是很古老的傳統。但有幾點應加以澄清。

第一，鄭玄引董仲舒「成均五帝之學」，又引文王世子「於成均以及取爵於上尊」，以釋㈣的「大司樂掌成均之法」，是認爲「周人立此學之宮」，以成均爲周學。我覺得是很難成立的。因爲董氏的說法，既在其他典籍上找不到根據；由此而進一步以成均爲周學，更與許多相關的材料不合。並且應用在此處，又與上下文矛盾。國語周語下伶州鳩答周景王的問律謂「律所以立均出度也。古之神瞽，考中聲而量之以制，度律均鍾，百官軌儀，紀之以三，平之以六，成於十二，天之道也」。韋注「均者均鍾木，長七尺，有絃繫之。以均鍾者，度鍾大小清濁也，漢大予樂官有之」。由此可知所謂「成均之法，」乃使十二律大小清濁合於均鍾的法度，亦卽是主管調和音律的法度。文王世子的「於成均……」也應作此解釋。所以鄭司農（衆）對此成均之法的解釋是「均，調也。樂師主調其音，大司樂主受此成事已調之樂」；雖對均字的解釋不切，但大意是與上下文相合的。若如鄭玄之說，成均之法，是五帝之學的「遺禮可法者」，又謂「周人立此學（成均）之宮」，則下句「以治建國之學政」的「學政」，又作何解釋？且㈤「樂師掌國學之學政，則㈣的「學政」，卽是「國學之政」，周官在此處，提出了「國學」的名稱以作教學之地，何緣又立有成均之宮？既有五帝的成均之宮，則教者死後，又何以又祭於殷學的「瞽宗」，是鄭注分明與作周官者的原意不合。

據上引國語周語的伶州鳩的話，定均律之法的是「古之神瞽」；若有「樂祖」，亦必為古之神瞽。四在「以治建國之學政而合國之子弟焉」，接着說「凡有道有德者使教焉」。依據(二)的所謂「道」與「德」，既直接與音樂無關，而「有道有德者」亦非必是瞽者，何以「死則以為樂祖，祭於瞽宗」？從來論樂的功用，都以一「和」字概括；此處的樂德何以能推出「中和祗庸孝友」六個德目？「樂語」一詞，為他典所未見；而又將其分為興、道、諷、誦、言、語的六種樂語，在實際音樂教育中，是眞能成立嗎？凡此，說明了周官作者的湊合成文，並無事實經驗的根據。至(八)的「教六詩，曰風、曰賦、曰比、曰興、曰雅、曰頌」，這分明是抄毛詩大序「故詩有六義焉，一曰風、二曰賦、三曰比、四曰興、五曰雅、六曰頌」，而將「六義」改為「六詩」。「六義」是指詩有六種內容（義可以作「內容」解），所以「六義」是可以說得通的。風、雅、頌，是三種詩體，賦、比、興是三種作詩的方法，須附麗於風、雅、頌而始為詩，不能獨立指之為詩，所以「六詩」是不通的。乃鄭玄在毛詩箋謂「太師上文未有詩字，不得徑云六義，故言六詩；各自為文，其實一也」。孔穎達承認毛詩大序的詩有六義，與周官大師的「教六詩」，「其實一也」。但他為周官此處作開脫說，「大師上文未有詩字，不得徑云六義，故言六詩」。意謂大序開始有一詩字，所以可稱「六義」。此處大師「教」字上未有詩字，只好說「教六詩」；試問可不可以說「教詩六義」呢？這種曲折回護，完全沒有意義。並且周官作者是以「六詩」與下文的「六德」「六律」相配，以成就數字整齊而對稱的形式的，內容上通不過，不是他們的重點。

綜上所述，周官中的教化思想，是空洞、混亂，並無眞實內容。完全沒有反映出先秦及西漢私人講學之盛，師道之隆，及由景帝起，郡國已開始興學注一四九，至武帝置博士弟子員而開始有大學之實的情形。因爲他們眞正所要求的是「以吏爲師」；教化之業，僅係點綴性質。

十七 雜考

1. 周官非古文

以上隨文考辨了不少問題，但仍然只是全書應當考辨的一部份，其餘的暫時放下。這裏我再考辨若干影響較大的問題。首先應辨明，周官決不是古文的問題。

班固取劉歆的七略以爲漢書藝文志。六藝略中凡係古文者皆特爲標出，且錄於一家之首。未標古文者皆爲今文。流傳之易與詩，皆無古文本，故於易序中僅謂「劉向以中古文易經校施孟梁丘經，或脫去無咎悔亡。惟費氏經與古文同」。「與古文同」，乃字句之同，並非字體之同。後漢書儒林傳謂費氏學「本以古字，號古文易」，乃出於誤解漢志文字所傅會。書首列「尚書古文經四十六卷」。禮首列「禮古經五十六卷」。春秋首列「春秋古經十二篇」。論語首列「論語古二十一篇」。孝經首列「孝經古孔氏一篇」。其爲義例甚爲明確。以劉歆的首倡周官，以班固的尊信劉氏，若周官爲古文，則必仿「禮古經五十六卷」之例，稱爲「古周官經六卷」，或「周官古經六卷」。當劉歆補錄周官入六藝略時，僅稱「周官經六卷」，其爲今文，更無可懷疑之餘地。所以他的讓太常博士書是爲古文爭地位，而未嘗及周官。以周官爲古文，殆始於許愼。他在所著的說文解字敍中有「其偁易孟氏，書孔氏，詩毛氏，禮周官，春秋左氏，論語，孝經，皆古文也」的話。自後論及經今古文學的，率以周官是屬於古文學派。孫詒讓周禮正義略凡例十二中謂「此經在漢爲古文之學，與今文家師說不同」。原注「大小戴記及公羊春秋，並今文之學，故與此經義多不合」。皮錫瑞經學通論第三册三禮「論周禮爲古說，戴禮有古有今，當分別觀之，不可合併爲一」條中謂「王制爲今文大宗，周禮爲古文大宗」。以周官爲古文學，似成定論，這是一個最大的錯覺。在許愼以前，傳周官諸儒，如杜子春賈逵衞宏先鄭父子，皆無周官爲古文之說。馬融亦僅泛說「既出於山巖屋壁」，未嘗明指爲古文。且「山巖」之與「屋壁」，其間相去甚遠；周官不能旣出於山巖，又出於屋壁，則究出於山巖，抑出於屋壁，馬融有指明的責任。當指明而未指明，則其爲在掩飾中不能不採用含糊之語，甚爲明白。何能由此而推斷其爲古文。許氏著說文解字。特留意字的原形原義，所以特別重視古文。他以周官爲古文，大概有兩個原因。第一個原因，是由馬氏「出於山巖屋壁」的話所作的推論。第二個原因，是由周官「多存古字」注一五〇。實則是多用奇字僻字，甚至是他們自己造出的字，使許氏誤斷其爲古文。他所著的五經異義中，更有「古周禮說」。實則在許氏說文解字敍中，已自相矛盾而彼之不覺。序謂「至孔子書六經，左丘明述春秋傳，皆以古文」。古文乃對漢代通行之隸書而言。隸書未出現及未流通以前，先秦篇簡，皆可謂之古文，此可以史記中之所謂古文，多指先秦舊簡而言，足資證明。故此處許氏之言，已近於迂滯。又「及亡新居攝，使大司空甄豐等校文書之部，頗改定古文。時有六書，一曰古文，孔子壁中書也。」「魯恭王壞孔子宅而得禮記尚書春秋論語孝經」。「諸生……稱秦之隸書爲倉頡時書……乃猥曰馬頭人爲長，人持十爲斗……若此者甚衆。皆不合孔氏古文，謬於史籀」。由上文可知許氏所謂古文，實指出自孔壁之書；他所舉孔壁之書，周官並不在其列，則許氏失掉了斷定周官爲古文的根據。孟氏易傳自田何，師承有緒。東漢排斥古文學最力的范升，也習孟氏易注一五一。許氏五經異義有「京易今說」，京易出於孟氏；又有易孟氏春秋公羊注一五二。按異義凡未注明爲古文者，皆爲今文。是說文敍列孟氏易爲古文，顯係錯誤。周官古文之說，出自許氏。許氏之說，在其說文敍中已沒有根據，則由許氏孳衍之說，皆可謂以訛傳訛。

我推測王莽劉歆們制作周官時，也可能想出之以古文的形式，以資矗動耳目，但在事實上時間上遇有困難，於是特用些奇字僻字乃至自造些怪字，作掩飾之用。且又暗示係王莽所作，更不能用古文。孫詒讓在其正義略凡例十二中已列有奇字怪字凡四十餘。其未經列出而被許氏誤認爲古文者，我在附注中已指出了「馭」字。孫氏所舉四十餘字中有的通用已久，如詩多用「于」，但亦用「於」。論語「于」「於」並用。此在使用時，實不足以論古今。「攷」「考」「頒」「班」，都是如此。周官以「䱷」爲「漁」，在金文，契文中並找不到作漁解的䱷字。周官以「鱻」爲「鮮」，金文中有「鱻」字，然經傳中皆用「鮮」字，僅周官用「鱻」字。周官以「兆」爲「兆」，說文因以「兆」爲正字，而謂「兆古文兆省」。周官用「簭」爲「筮」，說文因只出「簭」字，而謂「簭」古文「巫」字。說文的簭字，分明出自周官的「簭」字。但契文金文中只有「筮」字，何嘗有「簭」字。僅有「巫」字；何嘗有「簭」字。周官用「匶」爲「柩」，說文因謂「匶籀柩」，但契文金文中何嘗有匶字，經傳亦未見有匶字。諸如此類，乃王莽們故弄玄虛以欺人，而許氏竟爲其所欺，由此而與馬融出於山巖屋壁之言相傳合，遂認定周官爲古文而不疑。

孫詒讓以周官爲古文之學，藉以解答周官的內容，何以與大小戴記及公羊春秋不同。但正如前引四庫全書總目提要所指出，又何嘗與古文左氏春秋相同。皮錫瑞以王制爲今文大宗，以周禮爲古文大宗之說，蓋出於廖平的古今學考。廖氏謂「王制爲今學之祖」注一五三。這是違反許多經學史無可置疑的資料的妄說。許愼五經異義，以大小戴記爲今文說。但前面已提過，周官與大小戴記，有極明顯的關係。而王莽常將王制與周官並舉，鄭玄數引王制以釋周官，則王制與周官決非如廖王兩氏列於今古文對壘的兩派。

周官之非古文學派，更由周官鄭注中所不斷引的「故書」可得到證明。據胡承拱儀禮古今文疏義謂鄭玄注儀禮時「或經從今，則注云古文某爲某。或經從古，則注云今文某爲某」。即是同一書而有來自古文今文的異字時，鄭必將其注出。鄭注周官，則未出現古今文的異字，而僅有「故書」的異字，鄭注中出現故書異字者數十處之多，然則「故書」是什麼呢？冡宰「以九貢致邦國之用……二曰嬪貢。」鄭注「嬪，故書作賓」，這是故書一詞首見於注中的。賈疏「言故書者，鄭注周禮時，有數本。劉向未校之前，或在山巖石室，有古文考校，後爲今文。古今不同。鄭注今文注，故云故書作賓」。是賈疏以故書爲古文，而鄭玄據以作注的是今文。……阮元周禮注疏校勘記序謂「其云故書者，謂初獻於秘府所藏之本也：其民間傳寫不同者則爲今書」。這是較賈疏更進一步的說法。但故書之非古文，就周官鄭注卽可證明。「小宗伯之職，掌建國之神位」，鄭注：「故書位作立……古文春秋經，公卽位爲公卽立。」若故書爲古文，豈有稱「古文春秋經」而不稱古文周官爲古文，却改稱故書之理。且劉向校周官，尤爲賈氏全無根據的臆說。若劉向曾校周官，則必爲劉歆所承受。劉歆讓太常博士書，乃爲古文爭地位。書中所列古文中有逸禮三十九篇；若周官爲古文，且爲其父所校，書中豈有不提出周官之理？至阮元以故書爲「初獻於秘府所藏之本」；則此初獻於秘府者，不論二鄭皆無由得見。卽得而見之，此秘府本若爲古文，卽應稱之爲古文，何得改稱故書。若如孫詒讓以爲「周禮則自劉歆以來，只有古文之學，無所謂今文」注一五四，是故書是古文，鄭所據以作注之本亦是古文，僅在傳寫中有文字的出入。果爾，則鄭注應只云「嬪亦作賓」「嬪或作賓」，或再加一句「字之誤也」。這是鄭氏注書的通例，不應特標「故書」之名。又地官司徒下載師「以廛里任國中之地……以宅田士田賈田任近郊之地……以家邑之田任稍地……」鄭注「故書廛或作壇。郊或爲蒿，稍或作削。鄭司農云，壇讀爲廛……杜子春云，蒿讀爲郊。」此外還有少數用或字的例。由故書下所用的「或」字，可知故書有的並非如此，而只是有的故書是如此。是流傳下來的故書可斷言並非一本。假定不同的故書上面，有一共同的祖本，而此祖本卽是古文，則應當故書上的文字，與古文原本較爲援近。但文字的異同，多來自故書中的錯字，對這種錯字，杜子春有校正，先鄭有校正，鄭玄自己也有校正，以杜子春校正者爲多，在這幾十條校正中，從來沒有援引古文作根據的。但其中有的先鄭用故書，而鄭玄不用的。例如司市「凡萬民之期于市者辟布者……」鄭注「故書辟爲辟。鄭司農云辟布，辟訟泉物者也。玄謂辟布市之辟吏考實諸泉入及有遺忘」。這種例子還不少。杜子春與先鄭及鄭玄之間，也有這種情形。假定周官是古文，則古文當爲定本，三人間不應有此出入。可以說在有關故書的材料中，怎樣也推不出故書是古文或出自古文的痕跡。所以孫詒讓只好從徐養原「故書今書，猶言新本舊本耳」注一五五之說，從今古文中擺脫出來，這是對的。但孫詒讓却以此證周官「自劉歆以來，止有古文之學」，則是荒謬的。若如孫氏之說，則杜子春可以說是劉歆的適傳弟子。他所傳的應卽是古文本。而故書則應係他所承受於劉歆以前的古文本。如果是這樣，則是周官在劉歆以前便已經流行。這便與馬融所說的「五家之儒，莫得見焉……唯劉歆獨識」的話不合。若以爲故書是劉歆所傳於杜子春以外的別本，則第一，對錯字很多的別本——故書有什麼參考價值，值得由杜子春一直傳承到鄭玄。第二，兩漢不論今文古文，因流傳關係，必出現許多鈔本別本。但除周官外，還特有「故書」之名以作文字校正的嗎？我的看法，王莽劉歆把自己所制作的周官加以公開後，同時由參加他們共同制作的集團鈔了若干本，以資流傳。這便是劉歆傳給杜子春以外的別本。但此種別本；也應算是祖本之一，杜子春把自己所得到的別本，特稱爲「故書」，隨他鈔自劉歆之本一併流傳下來。此外還有他人得到流傳下來的，也同樣被稱爲故書。他們寫的字體，都是用的當時流行的隸書，亦卽是用「今文」寫的，但決不屬於今文學派。今文之所以能成爲學派，除了他們的典籍是用今文所寫之外，還要加上一個重要條件，卽是由漢初經師所傳授下來，流傳有緒。周官沒有這種條件。東漢今古文之爭最烈。但反對周官的，沒有一個人把它拿到今古文之爭中去處理，因爲他根本不屬於今古文的任何學派。

2. 五嶽、三皇、三易的問題

其次，要談到五嶽的問題。周官春官大宗伯「以血祭祭社稷五祀五嶽」。尚書堯典只有東西南北四岳而無五岳。詩大雅「崧高維嶽」毛傳「山大而高曰崧。嶽、四嶽也。東嶽岱、南嶽衡、西嶽華、北嶽恒。堯之時，姜代爲四伯，掌四嶽之祀」。是毛公傳詩時，五嶽之名，尚未出現。由四嶽而增多爲五嶽，大約始於秦統一天下之後，故王制述巡狩時，本堯典而只列四嶽，但在述祭祀時則稱「五嶽視三公」。所以五嶽一詞的流行，乃西漢時代之事。

內史「掌三皇五帝之書。」鄭注「楚靈王所謂三墳五典。」鄭所引見於左昭十二年。

但對三皇五帝爲何人，並無說明。賈疏「按孝經緯云三皇無文，五帝畫象。又世本云，蒼頡造文字。蒼頡黃帝之史，則文字起於黃帝。今此云五帝之書爲可。而云三皇之書者……以有文字之後，仰錄三皇時事，故云掌三皇之書也。」按「三皇無文」，先秦亦無紀錄三皇時事之書的痕跡。且「三皇」之名，始見於史記秦始皇本紀「丞相綰，御史大夫劫，廷尉斯等皆曰……臣等謹與博士議曰，古有天皇，有地皇，有泰皇。」後由緯書加以張皇附會，以天皇地皇人皇爲三皇注一五六。王莽誕妄，深信此說，故卽以地皇爲年號。所以白虎通義號篇以伏犧神農黃帝爲三皇，顯係班固們想糾正緯書中神怪之說，與王莽們心目中之三皇無關。鄭氏既不能擧三皇之名，却以三墳五典爲附會，全未考慮歷史事實。

但王莽劉歆側在文獻上最大的誣誑，莫如造出三易之說。

「大卜掌三兆之法，一曰玉兆，二曰瓦兆，三曰原兆。其經兆之體，皆百有二十，其頌皆千有二百。」卷三十四大卜

上述數字是出於揑造。現時發現的甲骨不少，貞辭很多。其中並沒有預設之體，更沒有預定之頌。很容易證明。又：

「掌三易之法，一曰連山，二曰歸藏，三曰周易。其經卦皆八，其別皆六十有四」同上「簭（筮）人掌三易以辨九簭之名。一曰連山，二曰歸藏，三曰周易。九簭之名，一曰巫更，二曰巫咸，三曰巫式，四曰巫目，五曰巫易，六曰巫比，七曰巫祠，八曰巫參，九曰巫環，以辨吉凶」同上簭人

鄭注引「杜子春云，連山宓戲，歸藏黃帝。」鄭於此無說。惟周易正義孔穎達引「鄭玄易贊及易論云，夏曰連山，殷曰歸藏，周曰周易。鄭玄又釋云，『連山者象山之出雲，連連不絕。歸藏者萬物莫不歸藏於其中。周易者言易道周普，無所不備。』孔穎達以為『鄭玄雖有此釋，更無所據之文。』孔又引『世譜』等書，『神農一曰連山氏，一曰列山氏。黃帝一曰歸藏氏。既連山歸藏，並是代號，則周易稱周，取岐陽地名。毛詩云周原膴膴是也。』蓋孔氏不信鄭說，而以連山屬之神農，與杜子春不同；以歸藏屬之黃帝；則與杜子春同。連山歸藏為太卜所掌，而連山歸藏，屬於何人何代，又不可知，這已很奇怪。最奇怪的是，連山歸藏，不僅在先秦古典中追尋不到踪影，在西漢緯書中佔最多數的易緯中，也找不到踪影，在大小戴記及西漢人著作中都找不到踪影。我根據下述兩點而斷定這是王莽們隨意捏造的。在周官出現以前，只稱為「易」，沒有稱為「周易」的。其中偶有加上「周」字，乃三易之說流行以後，後人偶然加上去的。把易稱為周易，乃捏造三易之說的附產品。

我所要指出的兩點：第一是我在原史注一五七一文中，曾列舉資料，證明春秋時代，卜與筮尚屬於兩個系統；卜人主卜，而史主筮。進入到戰國，卜筮在政治中的分量減輕，二者乃不復分。以太卜掌易筮，決非戰國以前的制度。且由春秋左氏傳加以考查，有「卜人」的名稱，沒有「太卜」的名稱。史記龜策列傳只稱「周室之卜官」。太卜乃秦官注一五八。漢因秦舊，僅有虛名，至武帝時而始著。所以周官太卜的官名及龜筮兼掌的職掌，乃反映秦漢時代的太卜。秦漢時代的太卜，獨能掌先秦及秦漢學所不知的「三易」，其爲誣誕，更何待論。

第二，是因許多人誤信周官爲周公或周初之書，因而誤信三易之說，便在文獻中追尋連山歸藏的踪跡，追到左襄九年夏「穆姜薨於東宮。始往而筮之，遇艮之八」。杜注：「周禮太卜掌三易。然則雜用連山歸藏周易。二易皆以七八爲占，故言遇艮之八。」周官「太卜掌三易之法」下賈疏「夏殷易以七八不變爲占，周易以九六變者爲占。按襄九年左傳云：遇艮之八。注云，爻在初六，九三，六四，六五，上九，惟二爻不變。連山歸藏之占，以不變者爲正。但周易占九六而云遇艮之八，是據夏殷不變爲占之事。」又國語晉語有「得貞屯悔豫皆八也；」「得泰之八」的說法，皆緣附以爲曾用連山歸藏之證。而其立論的基點則爲認連山歸藏「以不變爲正」。若連山歸藏，以不變爲正，則「其經卦皆八」，何以「其別皆六十有四，」經卦八而重之爲六十有四，卽由變而來。若周易變而連山歸藏不變，則其筮法筮名。應各不相同，何以「九筮之名」，又爲三易所共，九筮的名稱，一看便可斷言其毫無根據，而係經手的作者胡湊出來的。孫詒讓周禮正義引「易乾鑿度云，陽以七，陰以八爲彖。陽變七之九，陰變八之六。鄭注云，彖者爻之不變動者。九六，爻之變動者。連山歸藏占彖，本其質性也。周易占變者，本其流動也」。前面所引，以連山歸藏不變爲正，蓋本諸此處所引易乾鑿度的鄭注。賈疏以七八爲不變，因七八爲彖，而鄭說彖是不變的。但鄭原以注乾鑿度，而乾鑿度分明說「陽變七之九，陰變八之六」，鄭何緣得言「彖者爻之不變動者」？乾鑿度所說的，分明是就周易而言，鄭何緣得拉扯到連山歸藏上去？易彖辭爲斷一卦之象，爻辭爲斷一爻之象。乾鑿度的作者，大概覺得每卦由一到六再加上九，中間只缺少了七和八，便把七和八的數字配到彖上去，這便由一到九的數字都齊全了。變七之九，變八之六，便使彖把陽爻陰爻都勾連上了。所以彖的七八，不能脫離爻的九六，否則不能表示彖乃斷一卦之象。漢人這種數字遊戲，本來沒有多大意義。經鄭氏把彖的七八拉到連山歸藏上去，使周易有由九六所象徵之爻，而無七八所象徵的彖。使連山歸藏有由七八所象徵的彖，而無由九六所象徵的爻，這是怎樣也說不通的。所以由鄭所孳演的各種說法，都是近於胡鬧的。孔頴達周易正義「第六論夫子十翼」云「其彖象等十翼之辭，以爲孔子所作，先儒更無異論。」是彖至孔子而始有。（按實則乃孔門後學所作）鄭氏怎麼能把由孔子而始有的彖，扯到夏殷的二易身上去？

尤其是一直到春秋時代，尚沒有把九六用到卦爻上去。惠棟易例二「九六義」云「古文易上下本無初九初六及用九用六之文。故左傳昭二十九年蔡墨述周易，于乾初九則曰乾之姤（按乾初九變而爲初六，卽是姤卦。「乾之姤」，等於說乾變而爲姤卦的一爻。乾變而爲姤卦的一爻，卽指的是乾的初九。餘類推）。於用九，則曰其坤。說者謂初九初六，皆漢人所加。然夫子十翼，于坤傳曰，六二之動。大有傳曰、初九。文言曰、乾元用九…則初九初六，用九用六之名，夫子時已有，當不始於漢也」。按左傳國語及戰國中期以前，引易者皆未以九六標示爻的陰陽，及由初、二、三、四、五，上等字標示爻的順位。左傳及國語有三處用「八」，我們對之只有缺疑，更無一處用九用六。了解這一歷史事實，則與九六相俟而成立的七，八之說，在戰國中期以前，根本不能成立，何能由此以證明連山歸藏在歷史中的踪影。這種無踪無影的東西，分明出於王莽劉歆們的揑造，後人竟爲所欺而不覺，特加以辯證。

附註

注一：周官後又改稱周禮。改稱的情形，文中另有討論。此依漢書藝文志稱周官。

注二：此書初出時，卽受到「衆儒並出共排」，（馬融周官傳）至今不決。

注三：據孫詒讓周禮正義考證，此處之張爲張禹，包爲包咸，周爲周氏，皆當時經師。

注四：朱子語類八十六「周禮胡氏父子以爲是王莽令劉歆撰。」胡五峯皇王大紀卷十八十九，文集卷四，皆明斥劉歆作周禮。晁說之嵩山文集卷一四辯誣，亦以劉歆初獻之新莽，莽卽拜歆爲周禮博士」。

注五：日本宇野精一博士，在昭和二十四年（一九四九）刊有中國古典學之展開一書，對中日有關此書的討論，作了初步的整理，給我很多方便。

注六：今人馬宗霍說文解字引經考中的引禮考敍例「全書稱周禮者凡九十五字，稱禮者只二十八字。（說文解字）有八字所引亦見周官，一字見禮記，兩字則說周官之事，兩字則稱禮兼稱周官」。由此可知許氏所採用者在百字以上。

注七：例如說文二下御「古文馭，從又從馬」。但在契文金文中，並未發現從又從馬的馭字。許蓋因周官用馭字而信以爲古文，此卽其一例。

注八：此文收入兩漢思想史卷一。此文之「二、三公九卿在歷史官制中的澄淸」，卽係談此一問題。

注　九：見述學內篇卷一。

注一〇：見荀子集解卷十一天論。

注一一：當依集解引俞樾是官名，猶秦之主爵中尉。

注一二：「乘白」之「白」，楊注「白謂甸徒，猶今之白丁也。或曰白當爲百，百人也」。集解引郝懿行以爲「白蓋甸字」，「甸卽乘也，故此言乘甸」。又引劉台拱據管子乘馬篇「白徒三十人」，及七法篇之「白徒」，以白卽白徒，乃「不練之卒」。王引之據周書武順篇四卒（每卒二十五人）成衞曰伯」，「是百人爲伯」「作白者假字耳」。按當以劉說爲妥。

注一三：見羅氏所著諸子考索中之管子探源。

注一四：管子幼官第八，係以五行言政治，因而說「善習五官」。五行第四十一亦言「十者然後具五官於六府也」，「五官以正人位」。

注一五：荀子王制開始一段卽說「王公士大夫之子孫，不能屬於禮義，則歸之庶人。雖庶人之子孫也，積文學，正身行，能屬於禮義，則歸之卿相士大夫」，其爲掃除封建的身份制，甚爲明顯。

注一六：按張佩綸引淮南天文訓的「何謂六府，子午、丑未、寅申、卯酉、辰戌、已亥是也」，釋此處之六府，不成意義。禮記曲禮「天子六府曰司土、司木、司水、司草、司器、司貨、司典六職」，當係此義。

注一七：六律原作「六多」，依李純一管子五行篇音律思想研究改。李文見中華文史論叢第六輯。

注一八：按此處左右兩字，睹「戊子土行御」下及「睹壬子水行御」下皆有，「睹丙子火行御」下及「睹庚子金行御」下皆無。有此二字，使文義夾雜不淸，當爲衍文。

注一九：按前文「故使爲土師」，及此處之「命左右土師內御」之「土師」，古本作工師，俞樾以爲當作工師。但下文所述職守，與工師無關，故不取俞說。

注二〇：以上拙著兩漢思想史卷二賈誼思想的再發現頁一三二—一三九有較詳的敍述。

注二一：曾運乾尚書正讀堯典注。

注二二：見拙著兩漢思想史卷二，頁三七〇—四一九。

注二三：舊本此篇在五行相勝之後，作第五十九。今依盧文弨校作五十八，而以五行相勝爲五十九。

注二四：請參閱拙著兩漢思想史卷二賈誼思想的再發現，頁一五七—一六一。

注二五：本文所引周官，依臺北藝文印書館影印嘉慶二十年江西南昌府學開雕重刊宋本周禮注疏附校刊記本。此見卷第三。

注二六：詳細情形，請參閱拙著兩漢思想史卷二呂氏春秋及其對漢代學術與政治的影響，頁八—一二。

注二七：有關孟喜京房的卦氣說，我在兩漢思想史卷二的揚雄論究中，有較詳細的說明；請參閱此書頁四七八—四八五。

注二八：按句下漢書補注引「宋祁九三當作九二。齊召南曰，宋說非也。自子至午，爲乾卦六爻；此言人生於寅，正是乾之九三，泰卦三陽之象。」按丘瓊蓀歷代樂志律志校釋第一分冊一四九—一五〇頁。謂「以十二律配十二字，其排法殊無一定，在同一律書中，前後已不一致，各家所說更有分歧。總之術家之言，不是眞理，即無從判斷其是非」，此最爲通達之論。

注二九：因爲無眞實意義，故稱之爲「遊戲」。但當時則以爲是他們所發現的眞理。

注三〇：易六十四卦。但京氏易抽出四卦爲辟卦，故亦以六十卦計，六十卦爲三百六十爻。

注三一：論語雍也「子華使於齊」章。

注三二：顧棟高春秋大事表爲春秋列國都邑表者凡四。凡左氏傳所出之地名，不論巨細，皆詳錄無遺，有邑、縣、郡、州、里、亭等，而未見有鄉名。更無遂名。禮記王制，受有管子影響。其中的鄉與周官相近，而無明確的組織系統。

注三三：「士鄉十五」，尹注「唐尚書云，士與農共十五鄉。昭謂此士軍士也。十五鄉合三萬人」。按士乃壯年農夫，戰時爲甲士。詳拙著兩漢思想史卷一封建政治社會的崩潰及典型專制政治的成立一文中「士義探原」頁八六—八八。

注三四：國語、齊語有伍之名而無什伍之名。史記商君列傳「令民爲什伍」，此處之什伍，當由商鞅之法而來。

注三五：周禮注疏卷九頁二。

注三六：見卷九頁十一及卷十五頁十四。

注三七：見卷十頁二二。

注三八：見卷十一頁三及卷六頁二。

注三九：仝上，頁六。

注四〇：卷二二大司樂頁八—一〇。

注四一：卷二五大祝小祝頁五—二〇。

注四二：卷三〇司勳頁一—二。

注四三：卷三三職方氏以下，頁九—二一。

注四四：卷三五士師頁七—二〇。

注四五：卷三六司刑頁一—十。

注四六：仝上頁三。

注四七：仝上頁一五—一六。

注四八：卷三十七大行人頁十。

注四九：仝上頁一一—一二。

注五〇：東漢人諱王莽以仿周公攝政稱王而篡漢，故亦諱稱周公之攝政稱王，而將書序有所篡改。如現尚書康誥書序，以伐管叔蔡叔而封康叔一事，屬之成王。幸在漢書地理志中所引書序，則皆屬之周公。由此而今日所看到的書序曾經改篡一事，得以明瞭。此見拙著兩漢思想史卷一附錄四有關周公踐阼稱王問題的申復頁四六一。史記以尚書中之周官屬之周公，蓋本之原書序。鄭玄以之屬於成王，賈疏因附會爲「此在周公攝政三年；」而將周官一書說或是周公攝政七年所作；則將成王冲幼，周公攝政稱王，行天子之事的一段史實，完全抹煞。故知今日所看到尚書周官的書序，係東漢初所改。

注五一：漢書二五下郊祀志下平帝元始五年，「莽又頗改其祭禮曰，周官天地之祀，樂有別有合（大司樂）」。後莽又奏言……謹按周官兆五帝於四郊」（春官小宗伯）。

注五二：漢書補注引劉攽曰「予謂此言莽制作已成，尙有未足，欲留之者也。當引書云，譬如爲山九仞，功虧一匱以解之」。按劉引「功虧一匱」以解此處之「成在一匱」，甚確。但全文則語意模糊。此當指周官缺冬官而言。所謂成在一匱者，指周官內容之完成，只在加一匱之功。

注五三：見漢書九十九上王莽傳。

注五四：仝上。

注五五：例如禮記疏引六藝論「周禮爲本，則聖人體之」。五經正義稱周禮注疏，一若鄭玄稱周禮。然後漢書三五鄭玄列傳「又從東郡張恭祖受周官」。後漢書儒林傳董鈞傳「中興，鄭衆爲傳周官以後，馬融作周官傳，授鄭玄，玄作周官注」，又鄭玄周官序惠棟所引者，皆稱周官，而賈公彥「周禮廢興」中所引，皆稱周禮。考之後漢書各有關資料，實係稱周官。賈氏作疏時，乃改稱周禮。又如淸侯康補後漢書藝文志，據後漢書馬融傳有鄭興周禮解詁，鄭衆周禮解詁，然融傳只稱周官，不稱周禮。餘可類推。

注五六：見注五二

注五七：以上請參閱拙著兩漢思想史卷二呂氏春秋及其對漢代學術與政治的影響。

注五八：請參閱拙著兩漢思想史卷二先秦儒家思想的轉折及天的哲學的完成，頁三一〇—三一一。

注五九：賈公彥序周禮廢興「唯有鄭玄徧覽羣經，知周禮者乃周公致太平之跡。」

注六〇：按此所謂「馬融傳云」，乃撮引馬融述周官之大意，實爲馬融所著周官傳之序。

注六一：林孝存何休之言，俱見於賈公彥序周禮廢興。

注六二：後漢書三十六鄭興列傳「少學公羊春秋，晚善左氏傳……天鳳（王莽年號）中，將門人從劉歆講正大義，歆善興才，使撰條例章句訓詁及校三統曆」。「興好古學，尤明左氏周官……世言左氏多祖於興」，其子鄭衆列傳「年十二，從父受左氏春秋……兼通易詩，知名於世」是興父子皆未嘗習尚書。當時竹簡板重，不便翻閱，故未習者卽不便校閱。

注六三：漢書九十九上王莽傳。

注六四：仝上。

注六五：以上仝上。

注六六：以上皆見漢書二十四下食貨志。

注六七：見汪中著述學內篇卷二。

注六八：轉引自朱彝尊經義考卷一百二十三俞氏庭椿周官復古篇序。

注六九：見周禮注疏卷三十九冬官考工記第六疏引鄭目錄。

注七〇：王應麟漢書藝文志考證謂「地官七十八」。此據桑悅周禮義疏序，見經義考卷一百二十六，餘官數皆同。

注七一：顏師古注引桓譚新論謂竇公百八十歲。補注引齊召南謂竇公「其年壽蓋二百三四十歲，謂之百八十歲可乎」，蓋以桓譚所記者爲不可信。但古人常以藝世其家。苦以文帝時的竇公爲魏文侯時竇公之後人，因而亦稱爲竇公，或自加緣飾，或在傳說中被人緣飾，亦非無可能。

注七二：周書亦用「邦」一辭，亦用「曰」字，但不如周官之普遍。周書職方「乃辨九服之國」，「凡國公侯伯子男」，周官職方氏皆作「邦國」，又「其外方五百里爲侯服」「……爲甸服」「……爲男服」「……爲采服」「……爲衞服」「……爲蠻服」「……爲夷服」「……爲鎭服」「……爲藩服」，「爲」字在周官職方氏皆改「曰」。

注七三：周禮注疏卷三十九考工記「輪已庳，則於馬終古登阤也」鄭注「齊人之言終古，猶言常也」。

注七四：卷二十二大司樂「以樂德敎國子，中和祗庸孝友。以樂語敎國子，興、道、諷、誦、言、語。以樂舞敎國子，舞雲門大卷大咸大磬大夏大護大武」。其數皆六。不僅樂德樂語之六項目，皆湊合而成，毫無理據。而鄭注釋六舞爲「此周所存六代之樂」，賈疏亦以爲出於樂緯及元命苞，於古無據。其所舉祭的對象爲「天神」「地示」「四望」「山川」「先妣」「先祖」，亦顯爲湊成六的數字而成。

注七五：見錢穆氏著兩漢經學今古文平議中的周官著作時代考第五「周官裡的音樂」頁四二六—四二九。

注七六：鄭康成注周官，引有相當數量的鄭興鄭衆父子之注。

注七七：明王應麟漢制考自序中語。

注七八：賈誼新書已開始引用王制。

注七九：老子四十二章「人之所惡，唯孤寡不穀，而王公以爲稱」。正字通「孤、寡德曰孤，王侯謙稱」。禮記玉藻「凡自稱小國之君曰孤」，與史實不合。左成十八年晉大夫迎周子爲晉君，「周子曰，孤始願不及此」可證。

注八〇：漢書九十九上王莽傳。

注八一：仝上。

注八二：鄭注「鄭司農云，復謂奏事也。逆謂受下奏」。

注八三：史記卷三〇平準書。

注八四：據漢書二十四上食貨志上述「李悝爲魏文侯作盡地力之敎」中有謂「今一夫挾五口治田百畝，歲收畝一石半，爲粟百五十石，除十一之稅十五石」，是十一之稅，乃古之通制。又「漢興……上（高祖）於是約法省禁；輕田租，十五而取一」。但此似行之未久；故卷二惠帝紀「十二年四月高祖崩。五月丙寅，太子卽皇帝位，詔賜吏民爵中有謂「減田租，復十五稅一」，至文帝而未變。又「後十三歲孝景二年令民半出田租，三十而稅一也」。

注八五：請參閱拙著兩漢思想史卷一封建政治社會的崩潰及典型專制政治的成立一文中「六、商鞅變法與秦之統一及典型專制政治出現的關係」。頁一一八－一二〇。

注八六：見漢書卷十六高惠高后文功臣表序。

注八七：見漢書卷六武帝紀。

注八八：見漢書卷四十六石奮傳。

注八九：見漢書卷九元帝紀。

注九〇：見漢書卷十成帝紀。

注九一：見漢書卷八十五谷永傳。

注九二：見漢書卷七十二鮑宣傳。

注九三：由贖罪而來的刑罰的不平等，漢書卷七十二貢禹傳言之甚爲切至。

注九四：周官「乃立天官宰，使率其屬而冢掌邦治，以佐王均邦國」。「大宰之職，掌建邦之六典以佐王治邦國……四曰政典，以平邦國，以正百官，以均萬民」。又「以九式均節財用」。大司徒「以土均之法，辨五物九等……以均齊天下之政」。小司徒「乃均土地，以稽其人民」。司稼「掌均萬民之食」，此外尙多。卽此可以了解「均」是他們的重要理想。

注九五：見梁著清代學術概論二十三章。

注九六：見續修四庫全書提要經部周禮政要二卷條下。

注九七：漢書藝文志稱「周書」，而許氏說文稱「逸周書」，已爲不倫。隋書經籍志始稱汲冢周書，尤爲不經。

注九八：此問題我在兩漢思想史卷二呂氏春秋及其對漢代學術與政治的影響一文中曾加以考查，認爲周書月令五十三，卽呂氏春秋十二紀紀首，見兩漢思想史卷二頁十四。

注九九：見史記卷三十九晉世家。

注一〇〇：羅匡第五「皁畜約制」注「丁曰周官校人三乘爲皁……」。允文第七「賦均田布……綏用士女」注「愚謂冢宰九賦注曰……又鄉大夫以歲時登其夫家之衆寡……」。大匡第十一「權內外以立均……」注「周禮司市，平肆展成，奠賈。立均卽奠賈也」。程典第十二「愼地必爲之圖……差其施賦」注「大司徒以土會之法，辨五地之物生，具在周官」。作雒第四十八「立城方千七百二十丈」注「依考工記，國方九里當云千七百二十八丈。今略其基數耳」。又「封人社壝……」注「封人地官之屬」。

器服第七十「纁裏桃枝素獨簟蒲席……」注「周禮司九筵所謂次席，後世謂之桃笙」。又「象琪…」注「周禮弁師玉琪注云，皮弁之縫，中結五采玉以爲飾。此則用象骨也」。大明第九「十藝云，……三餘子……」注「餘子卿大夫之庶子。周禮諸子掌國子之倅……」。

注一〇一：管子漢書藝文志錄入道家，而史記管晏列傳正義之「七略曰，管子十八篇，在法家」，實際這是一部叢書的性質。

注一〇二：見昭和十七年東京森北書店印行的小柳司氣太博士著東洋思想之研究，頁二一五—二二六。

注一〇三：見漢舊儀。

注一〇四：仝上。

注一〇五：漢書卷五十馮唐傳注李奇曰「尺籍所以書軍令。伍符，伍伍相保之符信也」。按指軍隊之基本編制。

注一〇六：漢書卷一高帝紀「高祖曰，吾以羽檄徵天下兵」顏師古注「檄者以木簡爲書，長尺二寸，用徵召也。其有急事，則加以鳥羽插之，示速疾也」。史記卷十文帝本紀「文帝二年，初與郡國守相爲銅虎符」，蓋以代原用之檄，以示鄭重。

注一〇七：漢人稱左氏傳爲內傳，國語爲外傳，皆出於左丘明。余頗信其說，具見於原史。

注一〇八：按此處之士，主要乃指國郊以內精壯農民。春秋時已有一部分兼有知識分子的性格。韋注引「唐尚書云士與農共十五鄉」。殊不了解士之本義及以後演變的情形。

注一〇九：禮記王制一開始「王者之制爵祿」一段及「制農田百畝」一段，實本於孟子。

注一一〇：見拙著兩漢思想史卷一西周政治社會的結構性格問題，五、土田制度與農民。頁四一—五〇。

注一一一：現行的韓詩外傳，我同意楊樹達的說法，認爲係漢志的內外傳，經後人誤爲一書，故我卽稱爲韓詩傳，見拙著兩漢思想史卷三韓詩傳的研究。有關井田思想，見卷四疆埸有瓜條。

注一一二：此處鄭司農（鄭衆）與鄭康成的解釋不同，應以康成爲正。然其自身亦有矛盾。

注一一三：鄭注「賈田，在市賈人其家所受田也，官田，庶人在官者，其家所受田也」。蓋康成之意，不以爲應有賈田官田，所以加上「其家」兩字加以彌補。但若「其家」皆以「夫」的資格受田，卽不應另有名稱。可知鄭此處所注者非其本義。

注一一四：氾勝之書，南北宋之際已亡，後有幾種輯逸本。我根據的是中華書局出版萬國鼎著氾勝之書輯釋，見頁四九。

注一一五：見萬著頁五四—五五所轉引。

注一一六：見孫著周禮正義卷三。

注一一七：見漢官儀卷上。參閱漢書卷七十二貢禹傳。

注一一八：見漢官儀。

注一一九：見鹽鐵論國疾第二十八水旱第三十六等篇。

注一二〇：史記卷一百二十九貨殖列傳述計然之言謂「論其有餘不足，則知貴賤。貴上極則反賤（某物價貴至極時則其物將湧至而供給有餘，故反於賤）。賤下極則反貴（某物價賤至極時，則其物將退出市場而供應不足。故反於貴。」白圭之言，亦有此意。於是史公總結之以「故物賤之徵貴，貴之徵賤。各勸其業，樂其事，若水之趨下，日夜無休時，不召而自來，不求而民出之」；其言價格供求之互相調節之關係，至爲明顯。

注一二一：見郭沫若文史論叢，關於鄂君啓節的研究。此事曾引起大陸許多學人的注意，發表了不少文章。

注一二二：漢書卷五十一路溫舒傳：路尚德緩刑疏「臣聞秦有十失，其一尚存，治獄之吏是也」。路宣帝時人。

注一二三：漢書卷七十八蕭望之傳「二百五十以上」，顏師古注「二百五十以上者，當時律令坐罪之次，若今律條言一尺以上，一匹以上」。據此，可知「二百五十」爲判刑之最下限。「二百五十以上」，則表示其伸縮性。此在今日，更爲條文必具備之條件。

注一二四：呂刑「王曰，若古有訓，蚩尤惟始作亂……制以刑，惟作五虐之刑曰法」，是五虐之刑，乃蚩尤所作，其起源久遠。呂刑針對蚩尤「五虐之刑」的「虐」，而稱爲「祥刑」（告爾祥刑），以見五刑精神的轉換。

注一二五：張湯宮律，趙禹朝律事，見晉書刑法志及太平御覽六百三十八引張斐律傳。

注一二六：由漢書王莽傳看，他的性格是很殘酷的。

注一二七：此兩語取自漢書卷五十六董仲舒傳董的對策，但有代表性。

注一二八：見說文三上言部。

注一二九：見尚書康誥。

注一三〇：鄭康成的政治思想，可略見於鄉大夫「此謂使民興賢」一段下之注謂「言是乃所謂使民自舉賢者……使民自擧能者……言爲政以順民爲本也」。

注一三一：鄭注引鄭司農云「士師受中，若今二千石受其獄也，中者刑罰之中也」。按此「中」字應作簿書解，卽爰書也。

注一三二：見孟子滕文公上「滕文公問爲國」章。

注一三三：仝上。

注一三四：據王制：由鄉所推薦的秀士，經司徒的選拔而可「升之學」，升之學以後的造士，與「王太子王子羣后之太子卿大夫元士之適子」，同就學於樂正。周官則無此痕跡。

注一三五：爾雅釋詁「師，衆也」。乃師之本義。廣雅釋詁四「師官也」乃引伸義。說文六下「二千五百人爲師」，乃受周官影響，誤以引伸特定之義爲本義。此皆無「以賢得民」的特定意義。左襄十四年，衞定姜謂「先君有冢卿，以爲師保，」又同年晉師曠謂晉侯「有君而爲之貳，使師保之」，此處的師保皆動詞。詩周南葛覃「言告師氏。」書顧命「乃召太保奭……師氏，虎臣，百尹，御車」，周官中「師氏」的名詞可能由此而來。毛傳釋葛覃的師氏爲「女師也」。是負貴族中女子教導之責的。准此，亦可釋顧命的師氏爲「男師也」，負貴族中男子教導之責的，與民不發生直接關係，也推不出「以賢得民」的特定意義。所以周官師氏的性質，是莽歆們所賦予的新的性格。儒則不僅金文籀文無此字，論語有「子謂子夏曰，女爲君子儒，無爲小人儒」。在以前的典籍中皆未出現儒字。所以儒字的出現，當在春秋之末，始流行於社會之間。但並非官職之稱。

注一三六：書召誥「惟大保先周公相宅。」此大保指召公奭。顧命「乃同召大保奭芮伯彤伯畢公師氏虎臣百尹御車」中的師氏，僞孔傳釋爲「大夫官」，則其地位不能與太保相比。

注一三七：中庸哀公問政章「知仁勇三者天下之達德也」。

注一三八：漢書藝文志小學類「漢興蕭何草律，亦著其法曰，太史試學童能諷書九千以上，乃得爲史。又以六體試之，課最者以爲尚書御史史書令史。吏民上書字不正，輒舉劾」。

注一三九：論語子罕。

注一四〇：史記孔子世家。

注一四一：史記封禪書。

注一四二：漢書卷九十九下王莽傳「其好怪如此」。

注一四三：漢書卷二十五下郊祀志「莽遂宗（崇）鬼神淫祀。至其末年，自天地六宗以下，至諸小鬼神凡千七百所」

注一四四：見上注。

注一四五：我在陰陽五行及其有關文獻的研究一文的「五、我對今文尚書在文獻上的一般看法」中談到此一問題。此文附錄到中國人性論史先秦篇，可參閱頁五二五－六；陳直史記新證五帝本紀「其民析……鳥獸字微」下引胡厚宣釋殷代求年於四方和四方風的祭祀一文，證明「堯典成書時代，可能爲西周作品」。

注一四六：見惜抱軒文集卷五讀司馬法六韜。

注一四七：見全漢文卷三十八引禮記正義鄭目錄。目錄本於劉向的別錄。

注一四八：文王世子中由樂官負教化責任，前面已說到。王制「樂正崇四術，立四教，順先王詩書禮樂以造士」，很顯然是以樂官負教化之責。禮記明堂位「米廩，有虞氏之庠也。序，夏后氏之序也。瞽宗，殷學也。頖宮周學也」。無目之瞽爲樂官，據此，以樂官主教化似爲殷制。但書舜典已有「夔，命汝典樂，教胄子」之文，則以樂爲教，當係西周以前的共同傳統。

注一四九：漢書卷八十九循吏傳中文翁傳「景帝末爲蜀郡守……又修起學官（舘）於成都市中……至武帝時，乃令天下郡國皆立學校官（舘）自文翁爲之始云」。

注一五〇：孫詒讓周禮正義略凡例中語。

注一五一：見後漢書卷三十六范升列傳。

注一五二：見清王謨漢魏遺書鈔五經異義卷下。

注一五三：見廖平古今學考卷下。

注一五四：孫著周禮正義卷三「二曰嬪貢」下。

注一五五：仝上。

注一五六：太平御覽第七十八皇王部三引「春秋緯曰天皇地皇人皇，兄弟九人」。更引有遁甲開山圖略同。

注一五七：此文收入拙著兩漢思想史卷三。

注一五八：史記李斯列傳：趙高指鹿爲馬「二世驚，自以爲惑，乃召太卜令卦之」。龜策列傳「至高祖時，因秦太卜官……多所遺失……至今上卽位……數年之間，太卜大集」。

徐復觀教授著作目錄

國家圖書館出版品預行編目資料

周官成立之時代及其思想性格

徐復觀著. – 初版. – 臺北市：臺灣學生，1980.05

面；公分

ISBN 978-957-15-1597-7 (平裝)

1. 周禮 – 2. 研究考訂

573.1177　　102022349

周官成立之時代及其思想性格

著作者：徐復觀
出版者：臺灣學生書局有限公司
發行人：楊雲龍
發行所：臺灣學生書局有限公司
臺北市和平東路一段七五巷十一號
郵政劃撥戶：〇〇〇二四六六八號
電話：（〇二）二三九二八一八五
傳真：（〇二）二三九二八一〇五
E-mail:student.book@msa.hinet.net
http://www.studentbook.com.tw
本書局登記證字號：行政院新聞局局版北市業字第玖捌壹號
印刷所：長欣印刷企業社
新北市中和區中正路九八八巷十七號
電話：（〇二）二二二六八八五三

定價：新臺幣三二〇元

一九八〇年五月初版
二〇一三年十一月初版二刷

57316

ISBN 978-957-15-1597-7 (平裝)